Gustav Gröber

Die handschriftlichen Gestaltungen der Chanson de Geste

Gustav Gröber

Die handschriftlichen Gestaltungen der Chanson de Geste

ISBN/EAN: 9783743484252

Hergestellt in Europa, USA, Kanada, Australien, Japan

Cover: Foto ©ninafisch / pixelio.de

Manufactured and distributed by brebook publishing software
(www.brebook.com)

Gustav Gröber

Die handschriftlichen Gestaltungen der Chanson de Geste

DIE

HANDSCHRIFTLICHEN GESTALTUNGEN

DER CHANSON DE GESTE

‚FIERABRAS'

UND

IHRE VORSTUFEN

VON

Dr. GUSTAV GRÖBER.

LEIPZIG,
F. C. W. VOGEL.
1869.

Herrn Professor A. EBERT.

Einleitung.

Fierabras,[1]) eine der am weitesten verbreiteten, in provenzalischer, deutscher, italienischer, englischer, spanischer Sprache bearbeitete chanson de geste, ein episches Gedicht aus dem Kreise der Karlsage, das noch bis auf den heutigen Tag von dem Publicum der französischen und deutschen Volksbücher gelesen wird, ist uns in mehreren französischen Handschriften und einer provenzalischen Uebersetzung überliefert. Der zufällige Umstand, dass die provenzalische Uebersetzung vor dem französischen Original und in einer Zeit publicirt wurde,[2]) als erst wenige Denkmäler nordfranzösischer epischer Volkspoesie aus dem Dunkel der Bibliotheken ans Licht gezogen waren, mag dazu beigetragen haben, dass Freunde provenzalischer Poesie dies Gedicht als ein Originalwerk der provenzalischen Poesie für die provenzalische Literatur in Anspruch nahmen; ja Fauriel[3]) führte selbst noch, nachdem er bereits französische Handschriften des Gedichts kennen gelernt hatte, den Beweis für die Originalität des übersetzten provenzalischen Fierabras. Zur Entscheidung brachten die Originalitätsfrage erst die Herausgeber des französischen Fierabras, die Herren Kroeber und Servois, welche in der Vorrede[4]) ihrer Ausgabe so unverkennbare Spuren der Uebersetzung an dem provenzalischen Fierabras nachwiesen, dass

1) Ausg. Paris 1860 in Les anciens poëtes de la France; Fierabras publ. p. Kroeber et Servois.

2) Der Roman von Ferabras, provenzalisch, herausg. v. Im. Bekker in Abhdlgn. d. Berl. Ac. d. W. 1826. 1829.

3) Histoire lit. de la France XXII. 194 ff.; Fauriel, hist. de la poésie prov. II. 405, III. 5 ff.

4) Fierabras, préface V ff.

man sich wundern muss, wie dieselben einem so trefflichen Kenner der provenzalischen Sprache und Literatur, wie Fauriel, hatten verborgen bleiben können. War somit das provenzalische Gedicht nicht die Originaldichtung, so verdiente es doch in anderer Beziehung Beachtung.

Die Handschrift der provenzalischen Uebersetzung datirt aus früherer Zeit[5]) als die vier von den Herausgebern des französischen Fierabras benutzten Handschriften des 14. und 15. Jahrhunderts,[6]) und mit diesen verglichen zeigt sie bedeutende Abweichungen. Denn „nicht nur, dass sie um 1100 Verse kürzer ist, als die französischen Handschriften, so enthält sie auch ausserdem eine Passage von ca. 600 Versen im Eingange mehr als jene"[7]) — den Herausgebern des französischen Fierabras Grund genug zu der Vermuthung, dass „der provenzalische Uebersetzer einen bessern Text benutzt habe, als den in den vier Handschriften überlieferten, den sie auch, wenn er erhalten wäre, ihrer Ausgabe des Fierabras würden zu Grunde gelegt haben"[8]). Somit wäre die provenzalische Uebersetzung von nicht geringem Werthe für unsere Kenntniss des Gedichts. Geht derselbe aber auch aus den angeführten Gründen hervor? Nicht alle französischen Gelehrten scheinen von ihnen überzeugt zu sein, oder wie wäre es sonst zu erklären, dass z. B. Léon Gautier in seinen épop. franç. und Gaston Paris in der hist. poétique de Charlemagne alle ihre Mittheilungen und Raisonnements über den Fierabras auf den „schlechten" französischen Text stützen? Denn dass sie dies thun lehrt sowohl Gautier's Analyse, als Paris' Ansicht über die späte Abfassungszeit des Fierabras, für die sich. Letzterer auf im provenzalischen Texte nicht enthaltene Anspielungen auf andere chansons de geste beruft.[9]) In der That beweisen auch die Kürze, die Passage und das Alter der provenzalischen Handschrift nicht, was sie beweisen sollen, da nicht

---

5) Léon Gautier setzt sie zwischen 1230 u. 1240 (les épopées franç. II. Paris 1867, p. 313.)

6) Fierabas, préf. XX ff.

7) ib. p. X.

8) ib. p. X.

9) Paris, G. histoire poétique de Charlemagne, Paris 1865, p. 252.

nachgewiesen ist, dass die Kürze nicht Folge absichtlicher Kürzung, die Passage nicht willkürlicher Zusatz des provenzalischen
Uebersetzers oder schon seiner französischen Quelle sei, und was
gilt dann noch das Alter der provenzalischen Handschrift, da, um
mit F. A. Wolf[10]) zu reden „*novitas (enim) codicum non majus
vitium est quam hominum adolescentia: etiam hic non semper
aetas sapientiam affert; ut quisque antiquum et bonum auctorem
bene sequitur, ita testis est bonus*"? Ein wie ungenügender Maas-
stab bei Bestimmung des Werthes handschriftlicher Ueberlieferung
das Alter der Handschriften ist, dafür kann der Fierabras einen
neuen Beleg liefern. Hatte man nach den Herren Kroeber und
Servois zu erwarten, dass ältere Fierabras-Handschriften als die
der provenzalischen Uebersetzung der Gestaltung des Fierabras
in dieser entsprechen würden, so entfernen sich gerade im Gegentheil zwei, erst in den letzten Jahren aufgefundene ältere, dem
Anfange des 13. resp. Ende des 12. Jahrhunderts angehörende
französische Handschriften des Fierabras am meisten von unserm
provenzalischen Texte. Ueber die erstere der beiden neuen
Handschriften gab Gautier unter Mittheilung einer Tirade aus
derselben Nachricht in seinem bereits angeführten Werke.[11])
Sie befindet sich im Besitze des Herrn Ambroise Didot in
Paris, gehört nach Gautier dem Anfange des 13. Jahrhunderts
an und ist unvollständig. Die andere, bis auf das letzte Achtel
vollständige Handschrift befindet sich auf der Escorial-
Bibliothek. Sie wurde von Herrn Dr. Knust, dem ich durch
besondre Mittheilungen über dieselbe dankbar verpflichtet bin, ent-
deckt, gehört dem Anfange des 13. oder Ende des 12. Jahrhunderts
an[12]) und ist in ihren wesentlichen Abweichungen und Varianten von
ihm zur allgemeinen Kenntniss gebracht worden.[13]) Theilen diese
Handschriften nun die Kürze des provenzalischen Textes? Enthalten sie die provenzalische Passage? Keineswegs, wie auf
den ersten Blick die Mittheilungen des Herrn Dr. Knust aus
der Escorial-Handschrift lehren und in Betreff der Didot'schen

10) Prolegom. ad Hom. p. VII.
11) Gautier, l. l. II. 306 ff.
12) Ebert's Jahrb. f. Rom. und Engl. Lit. Bd. IX, p. 43.
13) ib. p. 44 ff.

Handschrift erschlossen werden kann; vielmehr bieten sie, die
ältesten, ohne die provenzalische Passage zu enthalten, gerade
die längsten Fassungen des Fierabras dar. Es ist daher
fraglich, ob der provenzalischen Uebersetzung wirklich der Werth
eines besten Textes zugesprochen werden kann.

Wir haben hierin die Veranlassung gefunden, die handschriftliche Ueberlieferung des Fierabras einer genauen Prüfung
zu unterziehen, um festzustellen, was in jeder Handschrift und in
der provenzalischen Uebersetzung originaler Kern sei, ob und wie
sich aus ihnen die Originaldichtung vom Fierabras gewinnen
lasse. Von dieser Seite hatte man die handschriftliche Ueberlieferung des Fierabras noch nicht betrachtet. Denn selbst zu-
gestanden, die provenzalische Uebersetzung repräsentirte den besten
Text des Fierabras, müsste er denn darum das Original sein?
Die Frage „welches Vertrauen jeder erhaltene Text eines
poetischen Werkes in Bezug auf Originalität verdient" zu beantworten, liegt der Philologie vor allem ob. Denn erst nach
Beantwortung dieser Frage kann es der Literaturgeschichte gelingen, ein wahres Bild von der Dichtung vergangener Zeiten zu
entwerfen, erst hierdurch kann sie vor der Täuschung bewahrt
bleiben, durch die Unbilden der Zeit zu Wechselbälgen gewordene
Originale für die Originale selbst zu nehmen. Ist aber auch die
Poesie der chansons de geste, ist unser Fierabras einer solchen genauen Prüfung werth? Man sollte es glauben, wenn die chansons
de geste überhaupt verdienen an's Licht gezogen zu werden, wenn
sie einen Beitrag zur Kenntniss des mittelalterlichen Volksgeistes
liefern, wenn unsere Urtheile über denselben gerecht sein sollen.

Können wir aber wirklich zu dem Originale des Fierabras
gelangen? Antwort hierauf will die folgende Untersuchung sein.
Möglich wäre es nicht, wenn er nur in einer Handschrift erhalten wäre und diese nicht selbst sich über die Treue ihrer
Wiedergabe des Orignals ausweisen oder als autograph documentiren könnte; möglich nicht, wenn die mehreren Handschriften, in denen er erhalten ist, aus einander abgeschrieben
sind, möglich nicht, wenn sie von einander unabhängige
Quellen benutzt haben, und deren letzte Quelle ihre Lauterkeit
nicht anderweit bezeugen kann. Da keine der erhaltenen Hand-

schriften des Fierabras äussere Spuren treuer Ueberlieferung des
Originals an sich trägt, so musste die Beantwortung der auf-
geworfenen Frage zunächst von der Untersuchung über die
Quellen der französischen Handschriften mit Einschluss der provenzalischen Uebersetzung abhängig gemacht werden, eine Untersuchung, die sich um so nöthiger erwies, als die Schreiber der
Handschriften des Fierabras nicht im mindesten das Bestreben
zeigen, den originalen Text treu zu überliefern. Wir haben dieselbe
im I. Theil dieser Arbeit dargelegt. Es ergaben sich dabei zwei
Hauptredactionen des Fierabras, deren eine auf der anderen
basirt. Die nähere Erörterung des Verhältnisses dieser beiden
Redactionen zu einander im II. Theile unserer Arbeit, obgleich
der Frage nach dem Originale ferner stehend, schien uns, bevor
wir uns zu ihr selbst wandten, dennoch nicht übergangen
werden zu dürfen, das eine Mal, weil an der jüngern Redaction
Erscheinungen hervorgetreten waren, die im Rolandslied zuerst
beobachtet, die Forscher auf dem Gebiete des altfranzösischen
Epos schon vielfach beschäftigt hatten — Varianten, Repetitionen
und Widersprüche — das andere Mal, weil es darauf ankam,
Gesichtspunkte für die Beurtheilung der älteren Redaction, der
letzten Quelle unserer Handschriften zu gewinnen. Und diese
bot die Erörterung des Verhältnisses der beiden Redactionen in
der That dar. Varianten, Repetitionen, Widersprüche waren in
der jüngeren Redaction des Fierabras in Folge von Aenderungen
und Zusätzen entstanden. Die ältere Redaction des Fierabras
theilte mit jener dieselben Erscheinungen der Ueberarbeitung,
was war natürlicher, als sie hier aus derselben Ursache zu erklären? Wir durften hoffen, wenn das, was in der älteren Redaction die Spuren fremder Hand an sich trug, ausgeschieden
war, das Original in reinerer Gestalt uns entgegen treten würde.
An der Hand der in der jüngeren Redaction gemachten Beobachtungen versuchten wir im III. Theil die hauptsächlichsten
Zusätze in der älteren Redaction — denn um alle zu entdecken,
fehlte es an zureichenden Kriterien — nachzuweisen. Eine
der älteren Redaction des Fierabras vorausgegangene Gestalt
konnte nun hiermit annähernd reconstruirt scheinen. Wie hätte
sich nun an dieser reconstruirten Gestalt des Fierabras Originalität

oder Nichtoriginalität kund geben können? Gewiss die erstere
dadurch, dass sie den nach den vorausgehenden Untersuchungen
an sie mit Recht zu stellenden Forderungen der Widerspruchs-
losigkeit, der Einheitlichkeit in Stoff und Darstellung entsprach,
denn in diesem Falle würde ein vernünftiger Zweifel an ihrer
Originalität nicht mehr bestanden haben können. Aber sie war
nicht widerspruchslos, nicht im geringsten einheitlich, sie konnte
nicht als Original des Fierabras betrachtet werden. Eine genauere
Beachtung der Unterschiede, welche auch noch in der reconstruirten Gestalt des Godichts zwischen dem ersten und zweiten
Theile obwalteten, der Voraussetzungen auf welchem die Handlung des ersten Theiles des Gedichts basirt, der Widersprüche,
die gerade mit Beginn des zweiten Theiles hervortreten, führte
endlich auf eine Gestalt des Fierabras, von der in unsrer Reconstruction nur noch ein geringer Theil erhalten, Anfang und Ende
dagegen aufgegeben war (Ende des dritten Theiles unsrer Untersuchung) und die als die letzte nachweisbare betrachtet werden
musste: ob das wirkliche Original, liess sich nicht sagen.

Hiermit war unserer Untersuchung Stillstand geboten. Ihr
Resultat ist ein negatives, denn wenn auch ältere Gestalten, so
ist doch das Original nicht mit Sicherheit nachgewiesen. Darum
aber wird man unsre Arbeit nicht vergeblich nennen, die zum
Vorwurf derselben gewählte Frage nicht als falsch gestellt bezeichnen wollen. Nur im Hinblick auf sie war es möglich, den
Werth der auf uns gekommenen Gestalten des Fierabras zu bestimmen, frühere Gestalten desselben zu entdecken, Ordnung und
Zusammenhang unter denselben herzustellen, ihre Verderbnisse zu
erkennen und zu zeigen, dass die chansons de geste auch strengere
Forderungen an sich stellen lassen.

I.

Verhältniss
der Handschriften des französischen Fierabras
und der provenzalischen Uebersetzung.

Für die Erörterung des Verhältnisses der handschriftlichen
Ueberlieferung des Fierabras liegen vor:

1) Die Ausgabe des französischen Fierabras nach
    der Handschrift der *Bibl. imp. Suppl. franç. No. 180,*
    aus der 1. Hälfte des 14. Jahrhunderts, bezeichnet
    mit **a,**

2) Lesarten, von den Herausgebern des französischen Fierabras
    in den „*notes et variantes*" ihrer Ausgabe [14]) mitgetheilt, aus
    a) der Handschrift der *Bibl. imp. Lancelot No. 75663.3*
        des 15. Jahrhunderts, bezeichnet mit **b,**
    b) aus der Handschrift des *Britan. Mus., Bibl. du roi
        No. 15 E VI* des 15. Jahrhunderts, bezeichnet mit **c,**
    c) aus den Bruchstücken der *Vatican. Bibl., Bibl. de la
        reine de Suède No. 16^b* vom Jahre 1317, bezeichnet
        mit **d,**

3) 24 Verse der *Didot*'schen *Handschrift* aus dem Anfange
    des 13. Jahrhunderts, welche wir mit **D** bezeichnen, [16])

4) Die Varianten und Abweichungen der *Escorial-Handschrift*
    aus dem Ende des 12. oder Anfang des 13. Jahrhunderts, [17])
    welche wir mit **E** bezeichnen, und

---

14) ib. p. 189 ff.

15) Ueber diese 4 Handschriften s. Fierabras p. p. K. et S. préf. XX ff.

16) Wir geben diese 24 Verse nach Gautier's Mittheilungen über diese
Handschrift im Anhang.

17) s. oben p. VII ff.

1

5) Die Ausgabe des *provenzalischen Fierabras* von *Im. Bekker* nach einer Handschrift aus den Jahren 1230—1240, welche wir mit **P** bezeichnen.

Dem Alter nach folgen diese Handschriften etwa so aufeinander: **E D P d a b c**. Es gilt alle Möglichkeiten der Abhängigkeit dieser Handschriften ins Auge zu fassen.

Rückschreitend von **c** zu **E** untersuchen wir daher zuerst, ob die jüngern Handschriften etwa Copien der älteren sind, und ob sich etwa aus einer unter ihnen alle übrigen herleiten lassen; diese würde dann den originalsten Text darstellen. Ergiebt sich aber, dass die eine oder andere Handschrift keine der erhaltenen zur Grundlage habe, so muss weiter zur Annahme verlorener Quellen geschritten werden und auch von diesen aus zu einer letzten, aus der die erhaltenen und verlorenen direct oder indirect sich ableiten lassen. Wir stellen uns vor: eine junge Handschrift, z. B. **c** sei aus einer älteren, z. B. **a**, abgeschrieben, so dürfte **c** nicht, wo **a** von den übrigen, z. B. **E**, abweicht, mit **E** übereinstimmen, sondern müsste mit **a** gleichlautend sein. Zeigt nun **c** in einem Punkte Uebereinstimmung mit **E**, so könnte es zu dieser Uebereinstimmung nur durch Conjectur gelangt sein, wie bei leicht erkennbaren Schreibfehlern möglich ist, oder es wäre nicht als Abschrift aus **a** bei aller sonstigen Uebereinstimmung, sondern eher als aus **E** hervorgegangen zu betrachten. Lässt sich aber auch nur eine Stelle, wo **c** mit **E** gegen **a** steht, aufweisen, die unmöglich aus Conjectur hervorgegangen sein kann, so ist **c** unabhängig von **a** und **c**'s Verhältniss zu **E** und den anderen Handschriften zu untersuchen. Ergiebt sich **c** auch von diesen unabhängig, so ist seine Vorlage nicht erhalten, und wir müssen dieselbe als verloren betrachten.

Sehen wir nun zu, ob wir zur Annahme verlorener Handschriften genöthigt werden durch die Untersuchung über

A.

Das Verhältniss der erhaltenen Handschriften.

Unerörtert bleiben muss hier das Verhältniss von **c** zu **b, d, D**, ebenso das von **b** zu **c, d, D** und das von **d** zu **D**, da die Herausgeber des französischen Fierabras immer nur aus eiuer ihrer Handschriften Verderbnisse in der ihrer Ausgabe zu Grunde gelegten Handschrift a berichtigen und nicht an denselben Stellen zugleich die Lesarten der andern beiden Handschriften aufführen. Indessen wird uns auf einem andern Wege die Bestimmung des Verhältnisses dieser Handschriften mit annähernder Sicherheit gelingen.

Einer besonderen Vergleichung jeder einzelnen französischen Handschrift mit dem provenzalischen Texte sind wir deshalb überhoben, weil sich für alle daraus, dass ihnen gemeinsam die provenzalische Passage fehlt, von vornherein ergiebt, dass sie nicht Abschriften aus P's Vorlage sind, da sie doch nicht unabhängig von einander diese Passage ausgelassen haben können. Wir sprechen ausführlich über dieselbe weiter unten.

Aus folgender Zusammenstellung, bei der uns das vorhandene Material bald ausführlicher zu sein erlaubt, bald kürzer zu sein zwingt, geht hervor, dass

1. a) c nicht aus a abgeschrieben ist, denn

c liest V. 6 *voir*, ebenso E und P 36 *ver*, wogegen

a - - - *non*, ohne Sinn; aus *non* müsste c somit *voir*, was E bietet und P bestätigt, verbessert haben. Lassen wir die Möglichkeit einer solchen Uebereinstimmung c's mit E und P durch Conjectur zu, so zeigen doch folgende Stellen zur Genüge, dass c nicht Abschrift aus a ist. Es bietet

c V. 47 *n'y ara que yrer*, ebenso E, ähnlich hat

D V. 2 *avera en luy qu'airier* und

P V. 612 *hi aura que errar*, aber

a V. 47 *seront grief et iré*, woraus c unmöglich seine mit E D P übereinstimmende Lesart finden konnte. Gleiches gilt von folgenden Stellen:

c hat 1454 *si lui a respondu*, E ebenso, und P 1617, dagegen

a - - *si n'a pas respondu*. —

c hat 1701 *Naymes*, wie E und P 1812, aber

a - - *Guion*. —

c - 3384 *belle dist Olivier*, wie E, und

1*

P hat 3010 *senhors dis Olivier*, dagegen

a - 3384 *Floripar dist Rollans*. —

c hat 3860 *bien fait a octroyer*, so **E** und

P - 3401 *be fay ad autreyer*, aber

a - 3860 *penses de l'esploitier*, wo a in die 2. Hälfte des vorausgehenden Verses 3859 abgeirrt ist. —

c hat 4830 *ruiste coup*, ebenso **E** und **P** 4079, aber

a - - *cop dur*, so dass der Vers um 1 Silbe zu kurz ist. —

c hat 4833 *Golafre tint la hache* wie **E** und

P - 4082 *e Golafre tenc l'apcha*, dagegen mit Versverletzung:

a *la hace hauce*. —

Deutlicher werden noch folgende a fehlende, in c enthaltene Verse, welche eine der andern Handschriften mit c enthält, für die Unabhängigkeit c's von a sprechen.

Der V. 1789 fehlt in a, und ist von den Herausgebern aus c in den Text von a eingesetzt worden; **E** hat diesen Vers mit **P** 1863. Ebenso wird

V. 3065, aus c in a aufgenommen, von **E** bestätigt,

- 3609, - c - a - - **E** u. **P** 3198 bestätigt,

- 4304, - c - a - - **E** u. **P** 3691 -

endlich ist

V. 5378, - c - a - - **P** 4440 unwesentlich verschieden, denn

c lautet: *l'enseigne Saint Denis a ja le pui passée* und

P - *la senha Sant Denis a la val ja passada*.

Trotz der aus mehreren der angeführten Stellen ersichtlichen Uebereinstimmung zwischen c und **E** ist aber

1. b) **c auch nicht Abschrift aus E.**

Es stehen uns für diese Behauptung nur zwei, jedoch ausreichende Belege zu Gebote. Nämlich

c hat V. 53 *tors de Palerne*, wofür, wohl nur verschrieben

a - - *cors de Palerne* bietet; mit c übereinstimmend liest dagegen

D in V. 8 *tors de Palerne*, ebenso **P** 616, aber

E - - 53 *treus d'Espaigne*; ferner hat

c V. 4628 ebenso wie a, wenn auch mit unbedeutend andrer Lesart, und **P** 3947; in **E** fehlt jedoch dieser Vers.

Weiter geht aber auch

2. a) **b** nicht aus **a** hervor: denn

b liest V. 224 *je ne l'ose* wie **E,** aber

a - - - *je l'os.* —

b hat V. 1786 *soubz* mit **E** und

P - V. 1859 *sotz,* dagegen

a in V. 1786 *sor.* —

b hat V. 2735 *duc Milon,* so auch **E,** aber

a - - - *Challemaine.* — Wenigstens setzen folgende **a** fehlende Verse **b**'s Unabhängigkeit ausser Zweifel, da **b** diese Verse mit **E P** gemeinsam hat. V. 647—648 hat **E** und **P** 1027—1028.

- 1788 - **E** - **P** 1862.

- 1791 - **E** - **P** 1865. Dieser letzte V. lautet in **b** *quant l'entent Fierabras, s'a ung soupir geté,* in **P** *can l'enten Ferabras, un sospir a gitat.* Dass aber

2. b) **b** auch nicht aus **E** stamme dürfen wir vielleicht aus folgender Stelle schliessen. V. 4771 heisst es in ·**a**: *si vig de garison.* Ueber diese Lesart, die mit **P** 4031: *venem d'Auscario* streitet, handeln die Herausgeber des französischen Fierabras in einer ausführlichen Anmerkung auf p. 200 ihrer Ausgabe, und wir können wohl glauben, dass sie für ihre Entscheidung auch die übrigen Handschriften befragt und die Lesart von **a** darin bestätigt gefunden haben. Diese Lesart theilt aber **E** nicht, das ähnlicher **P** liest: *si uienc de Clarion,* und somit wäre **b** auch unabhängig von **E.**

Wir kommen zu **a.** Zu seiner Vergleichung mit **d** ist nur eine Stelle geeignet und diese macht nicht hinlänglich sicher, dass

3. a) **a** nicht Abschrift von **d** sei. Nämlich

a hat V. 3711 *qui ot nom Fasseré,* ohne Sinn, wofür

d - - - *qui ocist Fausabré,* mit **E** übereinstimmend, und ähnlich **P** 3289 *que conquis Falsabrat.*

Was hier beweisen kann, dass **a** nicht Abschrift aus **d** sei, ist nicht das falsche *ot nom,* das blose Verschreibung ist (der Schreiber ist durch *ot* in V. 3710 und *nommé* in V. 3712 darauf gekommen), sondern die Schreibung des Namens *Fasseré;* denn man sieht nicht ein, warum a die Form *Fausabré* in d hätte abändern sollen. Indessen kann hierdurch allein das Verhältniss von a zu d nicht entschieden sein.

Aber weiter stammt

3. b) a nicht aus D.

a hat V. 57 *pour tant les fist destruire,* wie E; aber D - - 12. *pur ce se fist destruire.* Und folgende Verse in D 19—20 *s'a en sa garde la croiz, où Deu se lessa pener son cors a grant han por son poeple sauver,* welche auch E, und besser, darbietet (nach V. 62), fehlen sowohl a als P. Schon darum kann aber auch

* 3. c) a nicht aus E hervorgehen.

Es mögen jedoch noch einige Belege für die Unabhängigkeit a's von E hier Platz finden.

a V. 280, bestätigt durch P 762 fehlt in E, ebenso die folgenden:

a V. 381, bestätigt durch P 855 fehlt in E,
a - 396, - - P 869 - - E,
a - 410, - - P 878 - - E,
a - 455, - - P 908 - - E,
a 2409—2412, bestätigt durch P 2083—2086 fehlen gleichfalls in E, sowie auch a 3071—3073, bestätigt durch P 2763—2765.

Wenn bei dem möglicherweise höheren Alter d's (s. oben p. 1) überhaupt eine Vergleichung von d und a zulässig ist, so ergiebt sich aus folgenden Stellen, dass

4. a) d nicht aus a abgeschrieben ist.

V. 1788 und 1790 fehlen in a und sind von den Herausgebern aus d in den Text von a aufgenommen worden; wie d hat auch E und P (1862, 1864) diese Verse; ebenso fehlt in a V. 2262, der d entnommen ist und von E und P 2199 belegt wird, ferner V. 3608, den d mit E und P (3198) gemein hat und die V. 3933, 3934 gleich P 3443, 3444, die ebenfalls in E enthalten sind.

Durch wenige Stellen, jedoch bestimmt, ergiebt sich, dass

4. b) **d auch nicht aus E hervorgehe,**

denn den V. 455 hat wohl **d**, wie sich aus der Verwendung **d**'s zur Correctur von **a** an dieser Stelle ersehen lässt, und **a** und **P** 908, nicht aber **E**. Ebenso fehlt in **E** V. 1768, den **d**, das hier **a** corrigirt, mit **a** (und **P**, freilich stark abweichend, als V. 1850) enthält.

Wir haben **P** dem ungefähren Alter nach die Stelle vor **d** und nach **D** angewiesen und haben also nun die Frage zu entscheiden, ob **P** etwa aus **D** oder **E** übersetzt sei. Durch bereits einmal angeführte Verse erweist sich zur Genüge, dass

5. a) **P nicht aus D übersetzt sei,**

denn **D** V. 19—20 (s. p. 6), gleich den beiden Versen von **E** nach 62, fehlen sowohl **a** als **P**. Ebenso verhält es sich mit dem schlechten

D V. 16 *de quoi en fu Jhesu en la croiz coroner,* der durch **E** nach - 60 *le roi en fist Jhesus en la croiz corronner* verständlich und bestätigt wird: auch dieser Vers fehlt mit **P** zugleich **a**, sodass **P** näher zu **a** steht als zu **D**. Wir hätten nach diesen 3 Versen nicht nöthig weitere Abweichungen zwischen **P** und **E** aufzusuchen um zu zeigen, dass

5. b) **P auch nicht E zu seiner Grundlage gehabt habe:**

denn dieselben Verse, welche **P** von **D** trennen, trennen **P** auch von **E**, da dort wie hier **D E** den beiden **P a** gegenübertreten. Doch mögen folgende Fälle entgegengesetzter Art die Unabhängigkeit **P**'s von **E** weiter erhärten; wir nehmen aus ca. 90 solcher Fälle diese:

P V. 2763—2765,	bestätigt durch **a** 3071—3073,	fehlen **E**
- - 3071—3072,	- - - 3474—3475,	- -
- - 3618,	- - - 4209,	fehlt -
- - 3843,	- - - 4494,	- -
- - 3924,	- - **a** u. **c** 4628,	- -

gleichfalls. Endlich ist

6. **D nicht Abschrift aus E.**

Dafür sprechen folgende wenige Stellen:

D hat V. 2 *avera en luy qu'airier, avera* bestätigt
c in V. 47 *n'y ara* und
P - V.612 *hi aura,* wogegen
E [18]) *n'eut en lui qu'irier* liest; ebenso hat auch
D in V. 8 *et de tors de Palerne,* so c V. 53 u. P V. 616,
aber E V. 53 *et des treus d'Espaigne.* —
D hat V. 22 *ou Dex volt suxiter,* und so a 64, aber
E in V. 64 [19]) *ou Dex voout reposer.*

E aus D ableiten zu wollen, konnte nur die unbestimmte
Angabe ihrer Daten (beide gehören in den Anfang des 13. Jahrhunderts oder E schon ans Ende des 12.) veranlassen; wir prüften
daher auch diese Möglichkeit. In der That könnte man fast
geneigt sein an dem höheren Alter E's zu zweifeln und, während
D sich nicht aus E herleiten liess, E für eine Abschrift aus D
halten, da alle Abweichungen E's gegen D in den 24 zur Vergleichung vorliegenden Versen sich ganz wohl als Correcturen
und absichtliche Abänderungen auffassen liessen, wenn nicht die
Flüchtigkeit, mit der D geschrieben ist, dieser Annahme sich
entgegenstellte; denn der Schreiber von E müsste viel Scharfsinn
besessen haben, damit er aus folgenden lückenhaften, verschrie-
benen oder unverständlichen Versen D's einen so saubern Text,
wie er bietet, hätte eruiren können. Es wird daher auch

7. E nicht aus D stammen.

D hat V. 8 *se faisoit segneir clamer,* mit überzähliger Silbe,
E - - 8 [20]) *se fait seignor clamer* berichtigt diesen Vers. —
D - - 11 *mes eus ne vodreynt soffrer n endurer,* um 2 Sil-
ben zu kurz,
E hat V. 11 [20]) *mais chil dedens nel woudrent soufrir ne greanter,*
wodurch
E dem a V. 56 *mais chil par dedens Romme nel vourent créanter*
nahe tritt.

D hat V. 12 *pur ce se fist destruire,* unverständlich im Zusammenhang,
E hat V. 12 [20]) *portant les fist destruire,* wie a V. 57. —

---

18) s. Knust in Ebert's Jahrb. IX p. 47—48, V. 2 der angeführten V.
19) das. V. 22.
20) ib.

D hat V. 16 *de quoi en fu Jhesu* mit starkem Schreibfehler, woraus

E V. 16[21]) *le roi en fist Jhesus* hätte müssen machen können. —

D hat V. 17 *et l'enseigne.*

E - - 17[21]) *et le signe*, wie es immer sonst in ·den Handschriften heisst. — Hiermit wäre die Frage erörtert, ob die jüngeren Handschriften Copien der älteren seien, und wir haben eine Antwort in soweit erhalten, dass wir mit Sicherheit wissen, dass die Vorlagen für d P D und wohl auch E zu den verlorenen Codices gehören, sowie dass c wenigstens nicht aus a E, b nicht aus a E, a nicht aus D E und wohl auch nicht aus d abgeschrieben sei, aber allerdings c noch aus b, d oder D, b noch aus c, d oder D und a vielleicht aus d entstanden sein könne. Wir berühren das Verhältniss dieser Handschriften noch einmal weiter unten.

Von den verlorenen Handschriften und von dem, was hier unerörtert gelassen wurde, müssen wir nun Kenntniss zu erhalten suchen, wenn wir über die „fides" der Handschriften ‿urtheilen wollen. Wir richten daher die Untersuchung auf

B.

Die verlorenen Quellen der erhaltenen Handschriften.

Bei von einander unabhängigen Handschriften weist Gemeinsamkeit der Abweichungen auf Gemeinsamkeit der Quellen. Eines Sprunges würden wir uns daher schuldig machen, wollten wir sogleich für jede der als unabhängig erkannten französischen Handschriften eine besondere Quelle voraussetzen; wir lassen uns also durch Beachtung gemeinsamer Lesarten, Lücken, Zusätze und Irrthümer die Zahl vorauszusetzender Quellen aufnöthigen.

Zuerst nun stimmen alle französischen Handschriften darin überein, dass ihnen die mehrerwähnte provenzalische Passage, über die wir hier ausführlicher zu handeln haben, fehlt. Für a bezeugt dies der vorliegende Text, für E die Varianten, für b c d ist es daraus zu schliessen, dass die Herausgeber des französischen Fierabras ausdrücklich dem provenzalischen Text

---

21) ib.

den Vorzug vor **a b c d** geben, weil er allein diese Passage
enthält, für **D** kann es wegen sonstiger Uebereinstimmung dieser
Handschrift mit **E** gleichfalls nicht zweifelhaft sein. — Die
provenzalische Passage bildet den Eingang des Gedichts; sie
umfasst nicht weniger als 561 Verse (V. 44—604) und enthält
die Motive für den folgenden berühmten Zweikampf zwischen
Olivier und Fierabras, mit dem die französischen Handschriften
beginnen. Der Inhalt der Passage ist kurz der folgende:
„Karl zieht mit einem grossen Heere in das heidnische Land.
Er zerstört Burgen und Städte und nähert sich Morimonde. Da
er gehört hat, dass die Heiden den Weg bewachen, so empfiehlt
er Vorsicht beim Vorrücken. Olivier erbietet sich die Avantgarde
zu machen. Fierabras hat Meldung von dem Heranrücken Karl's
erhalten und die Verwüstung seines Landes gesehen. Seine
Mannschaft soll die Feinde bei Morimonde erwarten und überfallen. Olivier rückt mit 7000 Mann vor bis Morimonde, fällt
in dasselbe ein, tödtet die Bewohner und zieht mit Hab' und
Gut hinweg. Da stürzt die ungeheure Schaar der Sarazenen
aus den Hinterhalten über ihn her und kein Franzose würde
entkommen sein, wäre nicht Roland mit 10,000 Mann zu Hülfe
herbeigeeilt. Allein auch dieser widersteht dem gewaltigen An-
drange der Feinde nicht und erst Karl und seinen alten, grauen
Kriegern gelingt es die gefährdete junge Mannschaft aus den
Händen der Sarazenen zu befreien. Wenige Sarazenen retten
ihr Leben. Als Fierabras, der selbst am Kampfe nicht Theil
genommen, den Resten seines Heidenvolkes begegnet und die
Niederlage erfährt, schwört er nicht zu ruhen, bis er die Franzosen, die sich hinter Morimonde zurückgezogen haben, gefunden hat."

Wie die französischen Handschriften, so kennt auch **Phil.
Mouskes**[22]) diese Episode nicht. Es wäre daher leicht zu glauben,
dass sie von dem provenzalischen Uebersetzer selbst hinzugedichtet
wäre. Dies ist jedoch nicht der Fall, wie aus mehreren Gründen
hervorgeht.

Erstens lassen zahlreiche Uebersetzungsspuren, von denen

---

22) Chronique de Phil. Mousket p. p. Reiffenberg, tom. I. V 4496 ff.

wir nur wenige anführen wollen, erkeunen, dass P einem französischen Texte gefolgt ist, der diese Episode enthielt. So ist V. 52: *ahia* für das übliche *ajuda* gebraucht, was in der Tirade mit dem Reim *ia* nicht reimen würde; P hat daher aus einem französischen . *aïe* ein in der provenzalischen Sprache gar nicht existirendes Wort gebildet. In der Tirade, mit dem Reim *ela* V. 122 ff. liest man V. 132 *pradela* unprovenzalisch statt *pradelh* oder *prada*, worin zur Erhaltung des Reimes das französische *praële* (vgl. a V. 985 u. P V. 1293) nachgebildet ist. V. 128 *espeya* statt *espada*, was P regelmässig im Innern des Verses gebraucht, für französisch *espée*; *valeya* in V. 127 steht statt *vallada* und ist das französische *valée*. Raynouard belegt wenigstens im Lexique[23]) das Wort nur mit dieser Stelle des Fierabras.[24]) Die Tiraden in *ier* V. 138—233, 290—322 weisen in der überwiegend grössten Zahl in *ier* ausgehende Infinitive der ersten Conjugation auf, deren regelrechte Form in *ar* mit der französischen in *ier* vertauscht ist und vertauscht werden musste, damit sie in Einklang mit in *ier* endenden provenzalischen Substantiven z. B. *vergier* 138, *rochier* 139, *olivier* 140, die ebenso in französischer Sprache lauten und mit französischen Infinitiven der 1. Conjugation richtig reimen, gelangen konnten. Man sehe z. B. 141: *aparelier* für *aparelhar*, 142 *prezier* für *prezar*, oder auch 149 das Adjectiv *chier* für *car*, 155 *clier* für *clar*. Auch die provenzalischen Tiraden in *is*, z. B. 323 ff., sind Belege solcher Sprachverstümmlung, z. B. 328 *endemis* für *endemes*, 337 *salis* für *salit(z)* wie es 4783 richtig heisst, oder *descofis* 352 statt *descofit(z)* wie 4769 etc. — V. 600 und an andern Stellen wird selbst mitten im Verse um der nöthigen Silbenzahl willen das französische *riche* statt provenzalisch *ric(x)* gebraucht, was sich z. B. V. 612 findet. Wir werden hierdurch auf eine verlorene Redaction des französischen Fierabras geführt, deren Spur sich auch noch weiter verfolgen lässt.

David Aubert[25]), der im Jahre 1458 einen mehr als 1000

---

23) Solcher hyperprovenzalische Wörter weist das Lexique noch mehrere auf.

24) tom. V, 461.

25) vgl. Paris, G. hist. poét. de Charlem. Paris 1865. p. 95 ff. Chronique de Phil. Mousket I p. 477 ff.

Blätter in Folio umfassenden Prosaroman, die *conquestes de Charlemainne* verfasste, hat, wie die von Reiffenberg daraus mitgetheilte „*table des conquestes de Charlemainne*" zeigt, in einem „*clair français*" auch den Fierabras erzählt und zwar nach einer Handschrift derselben Redaction, die der provenzalische Uebersetzer zu Grunde legte. Die *table des conquestes* weist für den Anfang des *second volume* folgenden Inhalt auf[26]):

„*Et premierement la rubrique du prologue* Fol. ung.

„*Comment le noble empereur Charlemaine, estant à Vienne, sceut que l'amiral Balaam avoit destruit la cité de Romme, occis le saint père et de l'entreprinse qu'il vouloit faire; et comment le vaillant prince ala sur l'admiral et sur Fierabras d'Alexandria son filz* Fol. ung.

„*Le partement du noble empereur Charles le grant* Fol. deux.

„*Comment Fierabras d'Alexandria rencontra Olivier et les bons crestiens qu'emmenoient la proie des Sarrazins* Fol. noeuf.

„*Comment Fierabras roy d'Alexandria vint deffier Charlemaine l'empereur, en son tref, par le despit qu'il avoit en ses hommes desconfit* Fol. XV.

„*Comment Olivier ala combatre etc.*

Das auf Fol. deux angegebene *partement du noble empereur Charles le grant* und die bis Fol. XV. reichende Erzählung: *comment Fierabras d'Alexandria rencontra* etc. ist offenbar unsre provenzalische Episode; beides entspricht den provenzalischen Versen 44—604. Da nicht glaublich ist, dass Aubert unsre oder eine andre provenzalische Handschrift für seine Erzählung vom Fierabras benutzt habe, so ist er ein weiterer Zeuge für eine verlorene Handschrift des Fierabras nach der Redaction, deren sich P bediente. Welchen Werth seine Compilation für die Kritik des Fierabras und im Allgemeinen für die chansons de geste habe, lässt sich nach den blosen Capitelüberschriften nicht bestimmen, indessen weisen die denselben beigefügten Seitenzahlen auf eine sehr ungleichartige Behandlung des Stoffes oder auf Benutzung anderer, von den erhaltenen abweichenden Handschriften hin.[27])

---

26) ib. p. 480.

27) So kommen beispielsweise einmal 35, ein andres Mal 70 und 80 provenzalische Verse auf 1 Fol. der conquestes des Aubert.

Für die von **P** benutzte Redaction des Fierabras zeugt aber
noch weiter eine italienische Bearbeitung des Fierabras, das
„*poema del rei Fierabraccia*", von dem **P a u l H e y s e**[28]) eine
Anzahl Tiraden nach dem Manuscript der *Bibl. Riccardiana* zu
Florenz (15. Jahrb.) mittheilt. Den genauen Titel des Gedichts
giebt die Subscription der Handschrift;[29]) sie lautet: „*chantare
del ualoroso Re fierabracia*: *E di charlo mano et de suo paladini.*[30])
Von den 13 Gesängen dieses volksmässigen ital. Gedichts fehlen in
der Handschrift der erste und der Anfang des zweiten Gesanges;
jedoch enthalten die edirten Verse 1—176, p. 39ª—42ᵇ der
Handschrift, gerade den grössten Theil unsrer provenzalischen
Episode, die auch noch 2 nach p. 42ᵇ ausgefallene Blätter[31])
(= 11 Tiraden oder 88 Verse) füllte, da in V. 177 ff. (p. 43ª)
Karl's Unmuth über die junge Mannschaft und Orlando's
Zorn erzählt wird (wie **P** V. 554—560). Wir begegnen hier
der Episode in ca. 300 Versen, die trotz mancherlei Freiheiten
alle Facta in derselben Folge und demselben Zusammenhang wie
die provenzalische Uebersetzung wiedergeben. Ulivieri macht
die Avantgarde V. 1—4 = **P** 196—200; er kommt in das
Thal, wo der Schatz *(tesoro)* und die Lebensmittel des Heidenvolkes liegen V. 11—15 = **P** 243—254, (und „von den Römern
alles Vieh, was jene Schurken geraubt hatten" V. 16—17).
Als Ulivieri die Beute davonführen will, treffen die Heiden auf
seine Schaar, V. 36—39 = **P** 254—260; sie werden jedoch
geschlagen und fliehen, Ulivieri begiebt sich auf den Rückweg
V. 52—63 = **P** 261—293. Aber bei einem neuen Ueberfall
der Heiden unter Saramarte wird Ulivieri in die Seite verwundet
V. 77—143 = **P** 294—430 (*Saramarte* = pr. *Esclamar*). Als
hiervon Kunde in Karl's Heer kommt, eilt alles zu Hülfe, Orlando
voran V. 160—167 = **P** 450—466. ... Diese Zusammenstellung
erweist zur Genüge, dass das italienische und provenzalische
Gedicht auf derselben Grundlage beruhen. Keineswegs aber geht
das italienische Gedicht, so verschlungen auch die Pfade seiner

---

28) Romanische Inedita auf Italien. Bibliotheken, Berlin 1865. p. 129—158.
29) ib. p. 158.
30) vgl. Ebert in Gött. gel. Anz. 1856, p. 824 ff.
31) Heyse, Rom. Ined. p. 137.

Quellen sein mögen, aus der provenzalischen Uebersetzung hervor. Das italienische Gedicht verlegt nämlich den Schauplatz der Be- gebenheiten nach den in der Anmerkung [32]) angeführten Stellen nach Rom, wo auch der Schauplatz des ersten Theiles des Fie- rabras in den französischen Handschriften ist, wie allerdings nur eine einzige Stelle ergiebt:

V. 1049 *près fu du far de Rome, ses a 'dedins jetés,*
die dem italienischen Vers 655: *e gittolli in mezo del tevere* entspricht. Den französischen Vers 1049 giebt jedoch die pro- venzalische Uebersetzung so wieder:

V. 1045 *els eran riba 'l mar, dedins los a gitatz,*
worin die Anspielung auf Rom unterdrückt ist, sodass für das ganze Gedicht nach V. 37—38:

ayssi cum Karles maynes que tant fo reduptatz
fo premiers en Espanha trebalhatz e penatz
Spanien als der Schauplatz des Zweikampfes zwischen Olivier und Fierabras gelten muss. Durch das provenzalische Gedicht konnte der italienische Dichter also nicht darauf geführt werden die Begebenheiten in Rom [33]) vor sich gehen zu lassen: er be- nutzte eine Quelle, die wie **P** die Episode enthält und in der wie in den französischen Handschriften der Schauplatz der Hand- lung Rom war, also eine **verlorene Handschrift der Redac- tion P**; ob dieselbe wie **P**, lässt sich nicht erkennen.

Nach der provenzalischen Episode zerfallen die Fierabras- Handschriften aber in 2 Gruppen, zu deren einer **P**, Aubert und das italienische Gedicht gehören, während die andre von sämmt- lichen französischen Handschriften gebildet wird. Mag nun die Episode original oder hinzugedichtet sein, für beide Gruppen muss nothwendig je eine Handschrift als letzte Quelle, aus der die Handschriften der einen und der andern Gruppe direct oder indirect hervorfliessen, angenommen werden, da als Urheber der

---

32) V. 655 wirft Ulivieri die Fiaschi in die Tiber; beim Zweikampf stehen die Heiden V. 611—613 *al lido del tevere di roma.*
33) Auch nach Ph. Mousket, I, V. 4678—4711, spielt das Gedicht in Rom; vgl.

V. 4700 *si trest vers Rome li bons rois*
- 4706 *si les gieta enmi le Toivre*
- 4711 *et mis en Roume crestiien.*

Episode und der Auslassung nur je Ein Schreiber oder Redactor gedacht werden kann, und nicht in mehreren von einander unabhängigen Handschriften dasselbe hinzugedichtet oder weggelassen werden konnte. Die verlorene letzte Quelle der Gruppe **P**, Aubert und das italienische Gedicht wollen wir in der Folge der Kürze halber mit **x**, die der Gruppe **E D, d a b c** mit **y** bezeichnen. Ehe wir die aus dieser Zweiheit der Quellen sich ergebende Frage beantworten, ob **x** oder **y** eine ursprünglichere Gestalt des Gedichts darbietet, wäre noch die andre Frage zu erörtern, ob einerseits **P**, Aubert und das italienische Gedicht aus **x**, andrerseits **E, D, d, a, b, c** aus **y** direct oder ob indirect hervorgehen. Das Verhältniss von **P** zu **x** besprechen wir passender an einer späteren Stelle, das des Aubert'schen Prosaromans zu **x** entzieht sich der Erörterung, weil derselbe nur in den Capitelüberschriften bekannt ist, eine directe Benutzung des **x** seiten des italienischen Gedichts ist aber darum unwahrscheinlich, weil es den Stoff, trotz seines engen Anschlusses an Gang und Hauptmomente der Handlung, doch so frei gestaltet, dass es z. B. neue Personen einführt, wie *Margotto* (V. 36, 44) und *Rinaldo* (V. 555), dem wir bei *Pulci, Berni, Ariosto* begegnen, und *Olivier* stehend als „*fi di rinier di mongrana*" (V. 570) nach seiner Abstammung aus der *geste de Monglane* bezeichnet, während er übereinstimmend in **P, E, a** und wohl auch in den übrigen französischen Handschriften die nähere Bezeichnung des *filh Raynier de Gennes* (P 2128) hat. Zwischen **x** und dem italienischen Gedicht liegen daher wohl vermittelnde Quellen, die den Entwickelungsgang der Karlsage in der italienischen Dichtung genommen haben. Es erübrigt also noch die Erörterung des Verhältnisses der Handschriften der zweiten Gruppe zu **y**.

Wir haben oben p. 7—9 die Unabhängigkeit der Handschriften **E** und **D** von einander gezeigt. Durch 3 denselben eigenthümliche, bereits einmal citirte Verse wird nun die Annahme einer vermittelnden Quelle zwischen **y** und diesen beiden Handschriften nothwendig. Es sind in

D V. 16 *de quoi en fu Jhesu en la croiz coroner*
   - 19 *s'a en sa garde la croiz où Deu se lessa pener*
   - 20 *son cors a grant han por son poeple sauver.*

in **E** nach V. 60 *le roi en fist Jhesus en la croiz corronner*
- - 62 *si a en garde la croiz ou Dex se laissa pener*
      son cors a granz ahanz por son peuple sauuer.
Diese Verse können in **y** nicht gestanden haben, da sie in
den von einander unabhängigen und verschiedenen Gruppen
angehörigen Handschriften **P** und **a** nicht enthalten sind, von
denen die letztere selbst auf **y** zurückgeht. Da aber auch **E** und **D**
von einander unabhängig sind und beide dieselben Verse nicht
unabhängig von einander an den nämlichen Stellen haben hinzu-
fügen können, so müssen sie dieselbe Quelle benutzt haben, die
aus **y** hervorgehend sich den Zusatz dieser Verse gestattete.
Fast jeder der aus **E** und **D** in extenso vorliegenden Verse recht-
fertigt diese Annahme. **D** 2 und **E** 2 [34]) haben: *pregne* und *prenne*
auf *li rois* in V. 1 bezogen; a V. 47 *pregnent* und **P** 612 *prengan*
auf den in *barnages* (**a** 46) und *la cort* (**P** 611) liegenden
Pluralbegriff. V. 4 hat **E D** *riche* wie **P** 615 *ric*, a 49 *fier*.
V. 5 **E D** *il fut*, a 50 *et fu*. V. 6 hat **E** unverständlich *souee*,
und **D** *sove*, a 51 *siue* (alle 3 Wörter scheinen für *sire* verschrieben zu sein). V. 10 **E D** *de la terre*, a 55 *de le ville*.
E D 14 *nonnains et mognier, nonaines et moygnes*, a 59 *moines
et nonnains*. **E D** 21 *loer*, a 63 *amer*, **E D** 23 *doi*, a 65 *sai*.
Die wenigen Abweichungen in **E** und **D** sind erweisliche Schreibfehler oder absichtliche Aenderungen, die der Ableitung aus e i n e r
Quelle nicht im mindesten widerstreiten. **E** 2 hat in **D** 2 das
durch *ara* in c 47 bestätigte *avera* in *eut* geändert und V. 8
aus *tors de Palerne* in **D** 8, das durch c 53 für **y** bestätigt ist,
treus d'Espaigne gemacht. *Sor Rome seygurer* in **D** 9 ist ähnlich
a 54 *Romme sejourner*, was **E** 9 in *desus Ronme regner* gebessert
zu haben scheint. Die übrigen Abweichungen sind dagegen In-
correctheiten von **D**. Dem zweiten Hemistich des V. 4 fehlt in
D eine Silbe; nach **E** 4 ist *mais* zu ergänzen. Ebenso V. 17,
wo zwischen *on* und *fist* nach **E** 17 *le* fehlt, und V. 23, wo
E 23 das nach *doi* fehlende *ge* bewahrt hat. In V. 20 hat das
erste Hemistich eine Silbe eingebüsst; für *han* ist nach **E** 20
ahan zu lesen. In V. 11 ist jedes Hemistich um eine Silbe bei

---

34) Knust in Ebert's Jahrb. IX p. 47—48.

D zu kurz *mes eus ne vodreynt soffrer n endurer*, wofür
E V. 11 bietet *mais cil dedenz nel woudrent soufrir ne greanter*,
dem a 56 *mais chil par dedens Romme nel vaurent créanter*
theilweis übereinstimmend zur Seite tritt. Eine Silbe zuviel hat D
in V. 8 *se faisoit segneir clamer*, wofür E 8 richtig: *se fait
seignor clamer* (vgl. a 53) gelesen hat. In V. 19 hat D *sa* den Vers
verletzend eingesetzt, in E fehlt dies Wort, so dass in E die
richtige Silbenzahl gewahrt ist. Durch Verhören könnte man
geneigt sein die falsche Lesart in D 16 *de quoi en fu* zu erklären, wofür E 16 richtig *le roi en fist* überliefert. Mit *nomer*
V. 24 ist D nach E 23, wo dasselbe *nomer* am Versende steht,
abgeirrt; der Vers hat dadurch eine Silbe verloren. E bietet
V. 24 statt *nomer* wie a 66 *apeler*, wodurch der Vers die
nöthige Silbenzahl erhält. Statt des falschen *pur ce se fist* in
D 12 hat E 12 das richtige *portant les fist* bewahrt, was auch
a 57 hat. Keine der angezeigten Abweichungen und Incorrect-
heiten in D und E ist der Annahme einer gemeinsamen Quelle
für diese beiden Handschriften, zu der ihre sonstige Uebereinstimmung nöthigt, hinderlich und um so weniger, als die übrigen
Handschriften, soweit wir sie kennen, von ihnen frei sind. Wir
nennen diese aus y hervorgegangene E D gemeinsame
Quelle z.

Die drei E D und z eigenthümlichen Verse bieten nun auch
Gelegenheit, die oben offen gelassene Frage, ob b und c aus D
entstanden sein könnten, zu entscheiden. Wenn wir nämlich aus
dem Schweigen der Herausgeber des französischen Fierabras
richtig schliessen, so enthält wie a auch b [35]) und c diese drei
Verse nicht; sie können daher auch weder Abschriften von D,
noch von z sein, sondern schliessen sich an a und d an, die
beide nicht, wie gezeigt worden, aus D hervorgegangen sind.

Es ist nun noch übrig zu ermitteln, ob d a b c direct oder
indirect aus y entstanden sind. Dürften wir einen umfänglicheren
Gebrauch von dem Schweigen der Herausgeber des französischen
Fierabras machen und annehmen, dass ihre Handschriften überall,

---

35) Dass b (Pariser Bibl.) sie nicht enthält, erkenne ich aus einem
Facsimile der 2. Tirade dieser Handschrift, das mir nachträglich von be-
freundeter Seite zuging.

wo sie Abweichungen nicht besonders anzeigen, übereinstimmten,
so würden wir keinen Augenblick zweifeln können, dass d a b c
nicht direct aus y abgeschrieben sind, sondern eine gemeinsame,
selbst erst aus y hervorgegangene Handschrift zur Grundlage
haben; zahlreiche Stellen, in denen a von der durch Uebereinstimmung von E und P beglaubigten Lesart y's abweicht, würden
diese Annahme bestätigen. Allein die Herausgeber des französischen Fierabras haben die Handschriften a b c nur zur B e s s e r u n g
corrupter Stellen in a benutzt, und nirgends Lesarten aus d b c
angeführt, wo ihnen nur immer die Integrität von a festzustehen
schien. Wir dürfen uns daher auch nur da einen Schluss ex
silentio erlauben, wo offenbar corrupte Stellen in a aus den
übrigen Handschriften n i c h t verbessert worden sind. Solcher
Stellen bieten sich freilich nur zwei dar. Zuerst nämlich ist
durch Auslassung eines Verses nach V. 908 der Vers 909
unvorbereitet. V. 896—907 erzählen: Fierabras hat seinem
Gegner, Olivier, den Helm beschädigt, den Schild zerspalten und
das Pferd fast getödtet. Erzürnt ruft Fierabras danach aus:
„Mahom, ihr seid eingeschlafen, dass ich beim ersten Hiebe
diesen Franken nicht besiegt habe." „Aber", fährt nun a V. 908
fort, „Olivier war nicht erschrocken; als er das S c h w e r t kommen
sieht, so hat er das seinige vorgehalten." Welches Schwert, ist
vorher nicht gesagt und müsste doch gesagt sein. Offenbar
hat ein neuer Angriff des Fierabras auf Olivier begonnen, für
den Olivier Parade nimmt. Das drückt nun auch der Vers, den
E nach 907 hat, aus:

le sarrazins requeuure qui fu amanevis

und P 1029 lo Sarrazi recobra que fo mal talentis

so dass, was V. 909 erzählt, vorbereitet ist um verstanden werden
zu können. Die Uebereinstimmung der unabhängigen Handschriften E und P lehrt, dass dieser V. in y gestanden hat.
Wenn die Herausgeber des französischen Fierabras denselben in
keiner ihrer Handschriften gefunden haben, so haben alle denselben Fehler, den sie nur auf eine gemeinsame Grundlage hin
theilen können, und somit ist zwischen sie und y eine vermittelnde Handschrift zu stellen. — An der andern Stelle hat a eine
Lücke von 6 Versen, die den Herausgebern des französischen

Fierabras nicht entgangen sein kann. Der Zusammenhang ist dieser: Karl hat eingewilligt, dass Olivier den Zweikampf mit Fierabras bestehen solle. Reniers, der Vater Oliviers, bittet darauf V. 343—351 flehendlich Karl, er möchte seinen verwundeten Sohn nicht dem Fierabras entgegensenden. Nach **a** nimmt Karl nicht die geringste Notiz von dieser Bitte; es heisst 352—353 nur: „als die Franzosen es hörten, begannen sie zu weinen und Olivier begiebt sich hinweg." Hier bietet nun **E** eine Antwort Karls auf Reniers Bitte, wie man erwartete, dar und ausserdem noch mehr. Es heisst in **E** nach V. 351:

„Reignier", dist l'emperere, „ne puet mes refuser,
recheu a mon gant si quel virent mi per".
decheu [36]*) fist Olivier que gentil et que ber,*
ou que il uit Franchois, s'esprist a apeler:
„seignors, se vos ai dit noient en fait ne em parler,
por amor Dieu vos pri del meffait pardonner.

welche Verse auch **P** aufweist (823—829):

Raynier, ditz l'emperayre, no s pot mays trastornar.
receubut a lo gan si que o an vist li par.
d'aysso fetz Olivier que gentil et que bar.
lay on vic los Frances, si los vay apelar.
baro, ditz Olivier, trastotz vos vuelh preyar.
s'ieu vos ay re forfayt en fayt ni en parlar,
per l'amor dieu vos prec que m vulhatz perdonar.

Wenn wie **a** auch **d b c** diese Verse, die in **y** standen, nicht enthalten, so haben sie zu **y** keine directe Beziehung, sondern sind aus einer aus **y** geflossenen Quelle hervorgegangen. Dasselbe dürfen wir auch noch daraus schliessen, dass in der provenzalischen Handschrift eine Anzahl Verse in andrer Weise auf einander folgt als in **a**, und zwar so, dass **E** dem **P** beistimmt; es sind die Verse 2659—2673 und 2674—2684, die den provenzalischen Versen 2509—2522 und 2497—2508 entsprechen und also ihre Stellen vertauscht haben. Da **E** die Verse wie **P** geordnet hat, was wir aus Herrn Dr. Knust's Notiz zu diesen Versen [37]) entnehmen, so ist die Vertauschung erst in **a**

---

36) vgl. **P** 825 *d'aysso; decheu* von dem darüberstehenden *recheu* inspirirt.
37) l. l. p. 60.

oder seiner Quelle vor sich gegangen, auf die auch **d b c** zurückgehen, wenn sie **a's** Aufeinanderfolge dieser Verse theilen.
Endlich kann auch der bereits p. 5 benutzte **V.** 4771 zur Annahme einer gemeinsamen Quelle für **d a b c** führen. Wenn
wir nämlich richtig voraussetzen, dass die Herausgeber des französischen Fierabras zu diesem Verse ihre Handschriften verglichen
und in allen die Lesart von **a** gefunden haben, so weichen sie
alle von der Lesart, die aus **E** und **P** (s. oben p. 5) für **y** anzunehmen ist, ab, können also nicht direct aus **y** abgeschrieben sein.

Haben wir in den angeführten Fällen das Schweigen der
Herausgeber des französischen Fierabras richtig gedeutet, so ist
auch zwischen **y** und **a b c d** eine verlorene Handschrift zu
stellen, die wir mit **w** bezeichnen wollen. Damit ist nun keineswegs das Verhältniss. dieser 4 Handschriften zu **w** und unter
sich genügend erörtert; auf eine Beantwortung der Fragen aber,
ob **a b c d** direct aus **w** oder durch Vermittelung anderer
Quellen hervorgehen, ob **a b c** nicht etwa aus **d** und **d** allein
aus **w**, **c** aus **b** oder **b** aus **c** abgeschrieben, und wenn nicht,
woraus sie sonst entstanden sind, müssen wir verzichten, da die
„notes et variantes" der Herausgeber des französischen Fierabras
keine Ausbeute mehr für diese Fragen gewähren. Die „fides"
der von den Herren Kroeber und Servois bei ihrer Ausgabe
des französischen Fierabras benutzten Handschriften hat daher
nicht sicher festgestellt werden können. Vielleicht, dass diese
Schrift zu einer Vergleichung von **a b c d** veranlasst, wie sie
jeder Veröffentlichung eines in mehreren Handschriften erhaltenen
Werkes, dessen originale Gestalt in Frage kommen kann, vorangehen muss. [38])

Wir kommen nun auf die Erörterung des Verhältnisses von
x, der durch die provenzalische Episode charakterisirten Quelle
für **P**, Aubert und das italienische Gedicht, zu **y**, der letzten
Quelle unserer französischen Handschriften. Es ist zuerst die Frage,
ob **x** aus **y** oder ob **y** aus **x** entstanden, also die provenzalische

---

38) Eine solche Vergleichung kann leicht gemacht werden, da die
Handschrift b sich in Paris befindet, von der Handschrift c (britan. Mus.)
aber Herr Dr. Ch. Sachs und von d (Vatican. Bibl.) Herr G. Servois vollständige Abschrift genommen haben.

Episode in **x** hinzugedichtet oder von **y** ausgelassen sei, sodann,
ob **y**, wenn es die Episode weggelassen, aus dem von **P** benutzten **x** direct gekürzt, oder, wenn die Episode hinzugedichtet,
x unser **y** zu Grunde gelegt habe.

Als Antwort auf die erste Frage ergiebt sich nun, dass die
provenzalische Episode von **x** nicht hinzugedichtet, sondern original, also von **y** ausgelassen ist. Hinzugedichtet wäre sie nämlich
eine geschickte Ausarbeitung von in **y** zerstreuten Andeutungen;
der in **y** unmotivirte Zweikampf zwischen Olivier und Fierabras
würde erst nachträglich motivirt worden sein, und das in eine
Reihe von Handlungen mitten hineinversetzende Gedicht **y** hätte
durch **x** erst einen Anfang erhalten.

Die Hindeutungen auf unsre Episode liegen in folgenden
Versen von **a** V. 148—159 (P 666—674): als Fierabras seine
Herausforderung zum Zweikampfe Karl entgegengeschleudert hat,
fordert Karl zuerst Roland auf, dem Heiden sich entgegenzustellen;
Roland weigert sich jedoch, denn „als die Heiden damals
(**P** 666 *ier*) über uns kamen am Ausgange der Pässe, 50,000
an Zahl, empfingen wir heftige Schläge auf unsre Schilde, Olivier
wurde dabei auf den Tod verwundet. Wir würden alle besiegt
worden sein, wenn ihr uns nicht mit den bärtigen Alten zu Hülfe
geeilt wäret; und die Heiden wandten sich mit verhängten Zügeln.
Als · wir zu den Zelten zurückgekehrt waren, da rühmtest du
dich, als du betrunken warst, dass die alten Ritter, welche du
herbeigeführt hattest, es viel besser gemacht hätten als die vielen
jungen. Viel wurde ich am Abend darüber beleidigt und ver-
spottet." Diese Verse enthalten die Episode in den Hauptzügen;
V. 156—159 schliessen sich eng an P 554—560 an. — V. 348
(**P** 821) heisst es bestimmter, dass die Verwundung Oliviers am
Tage vor dem Zweikampfe *(ier)* geschehen sei; — V. 1531—1535
(**P** 1678—1682), dass Fierabras in einem Gehölz 30,000 Be-
waffnete gelassen habe, denen er jedoch verwehrt hätte, bevor
er zurückgekommen sei, hinwegzugehen. Dies erzählt die Episode
E 574—583. — Mit manchem Detail begegnen wir der Episode
endlich auch sogleich in den V. 23—39, gleichsam einem Ar-
gument aus der Episode, womit **a** und **E** nach der einleitenden
Tirade 1—22 die Erzählung beginnen. Einzelne von diesen

Versen stimmen wörtlich zu denen der provenzalischen Episode.
V. 23: Karl hat seine Barone aufgeboten = P 47:

  a 23 *Kurles ot ses barons semons et demandés*
  P 47 *L'emperayre de Fransa a sa ost somonia.*

V. 24: von allen seinen Landen her, über die seine Macht sich erstreckt:

  a 24 *de par toute sa tere, où est sa poestés*
  P 48 *de Flandres e d'Espanha, d'Alamanha e de Friza,*
    49 *que del cap de Bretanha entro en Lombardia etc.*

V. 25: gross war die Baronschaft, als sie versammelt war:

  a 25 *moult fu grens li barnages quant il fu assanlés*
  P 61 *mot fo granda la ost e ricament garnia*

V. 26—27: Karl hat sie bis nach Morimonde geführt, wo er die Zelte aufschlagen lässt = P 62—78. — V. 28—29 Olivier machte die Avantgarde mit 5000 Eisenbewaffneten = P 181—206. — V. 30—33: Am Ausgang der Pässe, im Thal Raier, fielen 50,000 Heiden über Olivier her = P 387—417. — V. 34 Olivier wurde an diesem Tage verwundet = P 418—428. — V. 35—36 die Franken würden besiegt sein, wenn Karl nicht mit den bärtigen Alten zu Hülfe gekommen wäre:

  a 35—36 *desconfit fuissent Franc, c'est fine verités,*
                quant les secourut Karles o les viellars barbés.
  P 523—526 *mot lay agra dels nostres e mortz e confondutz:*
                per lo mien essient no n'escapera us.
                mas Karles o au dire, que los a socorrutz
                ab XX melia baros totz vilhartz e canutz.

V. 37 Die Heiden wandten sich mit verhängten Zügeln:

  a 37 *et paien s'en tornerent les frains abandonés*
  P 537 *payes tornan a futa per mey los puegs agutz.*

V. 38 Karl begiebt sich zu den Zelten zurück:

  a 38 *Karles s'en retourna as loges et as tres*
  P 540 *L'emperayre de Fransa es als traps repayratz.*

V. 39 Jene Nacht wurde Roland beleidigt und übel behandelt:

  a   39 *Cele nuit fut Rollans laidis et mal menés*
  P 555—560 *dels joves cavayers es gran esquern levatz,*
                et ditz [39]*) que mays no ls preza dos deniers monedatz:*

---

39) V. 554 *lo rey.*

mot valo mays los vielhs que los joves asatz
can Rollans l'entendet, el n'es mot corrossatz,
si c'a pex pauc no ditz al rey „vos hi mentatz".
ad una part si tray totz d'ira alumnatz.

Dieses in den Versen a 23—39 enthaltene Argument der
provenzalischen Episode ist nur um zwei, allerdings wesentliche,
Momente ärmer als die provenzalische Episode selbst: es ist darin
nicht gesagt, 1) dass Fierabras den Rest seiner Mannschaft in
das Gehölz verborgen hat, und wenn dies V. 1531—1535 nach-
getragen wird, so haben wir in diesen Versen nur eine verspätete
Motivirung für das Hervorbrechen der Heiden, für die Gefangennehmung Olivier's und andrer Pairs (1546 ff.; 1745 ff.) und
damit zugleich aller folgenden Ereignisse zu erkennen; 2) erfährt
man auch nicht, dass das Heer des Fierabras es war, welches
am Tage vor dem Zweikampfe die Niederlage durch Karl erlitt,
und dadurch wird das Auftreten des Fierabras und seine Herausforderung zum Zweikampfe rein zufällig, während in x Fierabras
eben darum Karl's beste Helden herausfordert, weil er den
Schimpf einer Niederlage, die sein Heer erlitt, durch seine per-
sönliche Tapferkeit austilgen will. Wie diese Mängel, in Folge
welcher die Handlung in y am Faden des Zufalls und von
aussen herbeigezogener Momente fortentwickelt erscheint, von
dem Nachdichter x bemerkt worden sein müssten, so müsste er
auch das Bedürfniss empfunden haben, den Ereignissen, aus
denen alle späteren hervorwachsen, eine breitere Darstellung zu
geben, indem er das knappe Argument und die zerstreuten Andeutungen zu einem ausgeführten Gemälde umgestaltete, in welchem frühere, die folgenden bedingende Handlungen vor das
Auge des Hörers selbst treten. Es würde sich, wollte man y
für original halten, die sonderbare Erscheinung darbieten, dass
der Nachdichter erst eigentlich das Gedicht mit dem Anfange
angefangen hätte. — Was aber ferner wahrscheinlich macht, dass
x ursprünglicher sei als y, ist, dass y einzelne Stellen aus der
Episode herausgenommen und an späteren Stellen, wo es nothwendig oder wünschen   schien, eingesetzt hat; so erinnern
die Verse a 88—8   dieser Stelle P fehlen, an P V.
128—130; V   nur in der Episode V. 162; die

Beschreibung des wunderbaren Pferdes des Ficrabras V. 678—683
hat P bereits in der Episode V. 107—108, 171—172 gegeben;
y. muss das Pferd beschreiben, da es V. 1098 (P 1369) heisst,
dass der Dichter von diesem Pferde schon erzählt habe; in P
hat er davon nur in der Episode erzählt, in y würde von ihm
gar nichts gesagt sein, wenn nicht an dieser Stelle die Beschreibung des Pferdes eingeschoben wäre. In V. 69—71 scheint y
das Auftreten des Fierabras vor Karl's Heer motiviren zu wollen;
in P fehlen diese Verse. Es heisst: „Fierabras war unwillig
(V. 67) und geberdete sich schrecklich auf seinem Maulthier"
(V. 68). Warum er dies thut, hat man aus dem, was vorangeht,
noch nicht erfahren. Darum heisst es also V. 69—72: „2 Meilen
hat er ringsum das Land durchsucht, um den Franzosen zu begegnen; da er ihrer keinen finden kann, war er ergrimmt und
mürrisch", wodurch sowohl *mautalentis* V. 67, was in P V. 627
seine Beziehung auf die Niederlage der Heiden hat, erklärt
werden soll, als überhaupt Fierabras' Auftreten: er sucht die
Franzosen, nicht um sich zu rächen, sondern wie ein Abenteurer.
Endlich ergeben sich auch die Endverse der 2. Tirade in y als
bloser Auszug aus der letzten Tirade der provenzalischen Episode:

a V. 40—41 *L'endemain par matin, quant solaus fu levés*
      li a canté la messe li capelains fourrés
gleich P 588—589 *L'emperayre de Fransa s'es bo mati levatz.*
      la messa li a dita sos capelas privatz.
a V. 42   *après fu li mengers gentement aprestés*
gleich P 603—604 *las tavlas foron mezas e ls rixs manjars donatz*
      mot fo grans lo barnatge, can Karles fon dinnatz.
a V. 48—45 *mais ains qu'il prengnent l'yaue, sera griés et irés;*
      car uns Sarrazins est en l'angarde montés:
      onques plus fiers paiens ne fu de mere nés.
gleich P 605—609 *mas ans que prenga aygua a sa mas per lavar*
      Karles sera totz tens et iratz, so sapiatz,
      que ve us un Sarrazi è l'engarda montatz.
      ja de pus riche home parlar non auziratz,
      ni oncas pus fer home de mayre no fo natz.

Eine grosse Zahl vortrefflicher Lesarten P's in andern Theilen
des Gedichts könnte noch weiter den Anspruch von x auf

Originalität erhärten; da wir indessen bald auf dieselben zurück-
kommen müssen, darf es hier genügen, darauf hingewiesen zu
haben, um so eher, als aus den angeführten Gründen die Originalität von x hinreichend erwiesen scheinen wird.

Aufschluss über die letzte Frage, die uns nun noch für die
vollständige Erörterung des Verhältnisses der Handschriften übrig-
bleibt, wie sich nämlich y zu dem von P benutzten x verhalte,
ob jene direct oder indirect aus dieser hervorgehe, kann uns ein
Irrthum geben, der x und y gemeinsam ist. Es ist hier nöthig
Folgendes gegenwärtig zu halten: Karl kämpft mit wenigen
Mannen, mit denen er die Stadtbrücke von Mautrible über-
schritten, innerhalb der Mauern von Mautrible; Genes mit seiner
Sippe befindet sich noch vor dieser Brücke. Da kommt Fierabras heran (a 5006, P 4181) und fragt die Verräther, wo Karl
sei (a 5007, P 4183). Als er erfährt, dass Karl in den Mauern
eingeschlossen ist, fordert er Genes (P 4187 vgl. a 5010) auf,
Karl zu Hülfe zu eilen. Die Franzosen eilen ohne Aufenthalt
zum Brückenthor (a 5014—5015, P 4190—4191). Dort finden
sie Genes, heisst es dann a 5016, P 4192, bereits verwundet.
Fierabras findet hiernach denselben Genes, den er kurz vorher
aufforderte zum Beistand Karl's und mit dem er zum Brückenthor eilte, erst an diesem Orte selbst. Den hierin liegenden
Irrthum verbessert E 5016, indem er, wie der Zusammenhang
fordert, *Karlon* (es muss jedoch *Karlemainne* heissen, da sonst
der Vers zu kurz ist) schreibt; darum fand sich dieser Irrthum
aber nicht weniger schon in y, denn a und P, die ihn theilen,
sind unabhängig von einander. Nimmt man nun an, dass in dem
Originale des Fierabras dieser Fehler nicht gestanden habe, was
doch das Wahrscheinliche ist, so ist er erst durch x in die Handschriften eingeführt worden, y aber geht nicht weiter zurück
als bis auf x oder eine seiner Abschriften, welche nicht gerade
die von dem provenzalischen Uebersetzer benutzte zu sein braucht.
Hierdurch erkennen wir aber auch zugleich, dass x noch keineswegs das Original sein kann, sondern erst eine noch weiter
vorauszusetzende Vorlage: x', deren Verhältniss zu x natürlich
näher nicht bestimmt werden kann [40]).

40) Ob der Aubert'sche Prosaroman und das italienische Gedicht in

Hiermit sind wir an das Ende unserer Untersuchung über die verlorenen Quellen der erhaltenen Handschriften des Fierabras gelangt, und es sei nur noch bemerkt, dass der französische Prosaroman vom Fierabras vom Jahre 1478[41]) nach den von Im. Bekker auf Grund der Ausgabe vom Jahre 1496 daraus gegebenen Citaten[42]) zur Handschriftengruppe y und näher zu w zu gehören scheint; die deutsche Prosabearbeitung, Siemern 1533[43]), wird aus einer Ausgabe des französischen Prosaromans hervorgegangen sein, da sie nie mit E, wohl aber mit a und d zusammenstimmt, der englische Sir Ferumbras[44]) endlich dürfte gleichfalls wenigstens zu y gestellt werden müssen, wenn Im. Bekkers Note zu V. 2693 des provenzalischen Fierabras[45]) bedeutet, dass er, wie die daselbst citirte Stelle aus dem französischen Prosaroman das „Kohlenspiel" enthält. Leider lag uns, was Ellis aus diesem englischen Fierabras veröffentlicht hat, nicht vor. —

Zwei feste Termini schliessen nun die verlorenen Handschriften x', x, y, z, deren einstmaliges Vorhandensein in dem Vorausgehenden festgestellt worden ist, in die Zeit zwischen 1152 und 1200 ca. ein. Den letzteren Terminus ergiebt das Datum der Escorial-Handschrift, den ersteren eine Bestimmung im Gedicht selbst. Es heisst nämlich a 1845—1851 (P 1907—1912), dass der besiegte Fierabras sich taufen liess und in der Taufe den Namen Floriens (Florans) erhielt, dass er nach seinem Tode heilig wurde und dass er der heilige Florans de Roie sei. Einen „Florans" von Roye giebt es aber erst seit dem Jahre 1152, nachdem die Ueberreste des heiligen, bis dahin in Saumur an der Loire localisirten Florentius confessor von Saumur nach Roye im Département Somme übergeführt worden waren.[46])

---

näherer Beziehung zu y als zu x steht, lässt sich ebenfalls nicht sagen, weil das Material, was aus beiden Bearbeitungen vorliegt, hierzu unzulänglich ist.
41) Fierabras p. p. Kroeber et Servois p. XIII.
42) Bekker, Ferabras, prov. p. 176 ff.
43) Vollständigen Titel s. Fierabras p. p. K. et S. p. XIX.
44) ib.
45) Bekker Ferab. p. 181.
46) Das Jahr 1152 ist urkundlich sicher gestellt; ein andres Datum für die Ueberführung des Fl. nach Roye, das Jahr 1035, beruht auf einer gefälschten Urkunde. Vgl. *Acta Sanctorum* (Bolland), Sept. tom. VI p. 410 ff.

Vorher konnte also nicht von einem „Florans" von Roye gesprochen werden. Vor 1152 ist der Fierabras also auch
nicht verfasst worden und die vier nachweisbar ältesten
Handschriften gehören in die zweite Hälfte des 12. Jahrhunderts.
Das Ergebniss der bisherigen Untersuchung lässt sich in
folgendem Stemma veranschaulichen, in dem die punktirten Linien
andeuten sollen, dass das Verhältniss der durch dieselben ver-
bundenen Handschriften noch eine nähere Bestimmung erfordert.

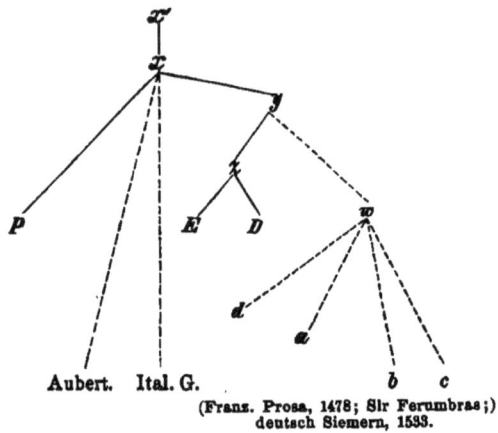

Aubert. Ital. G.   *b*   *c*

(Franz. Prosa, 1478; Sir Ferumbras;)
deutsch Siemern, 1533.

Aus diesem Verhältniss der Handschriften zu einander geht
nun für die Frage nach dem Original des Fierabras hervor:

1) dass das Original des Fierabras unter den auf uns gekommenen Handschriften nicht erhalten ist;

2) dass aus den erhaltenen Handschriften nur eine abgeleitete
   Handschrift x, in der die erhaltenen Handschriften sich
   vereinigen, construirt werden kann, natürlich nicht ihre
   dialektische Gestalt, wohl aber ihr Text;

3) dass ein beglaubigter Text von x sich giebt aus der
   Uebereinstimmung von P+E, P+D, P+d, und da a,
   wo d lückenhaft ist, d jedenfalls vertreten kann, auch
   aus Uebereinstimmung von P+a, sowie wenn b und c
   von einander unabhängig sind, aus Uebereinstimmung von
   P+b, P+c, dass dagegen die Uebereinstimmung von

E+D, E+d, E+a, E+b, E+c; D+d, D+a, D+b,
D+c nur den Text von y darstellt, ebenso aus E+D
nur z hervorgeht, und d+a, d+b, d+c; a+b, a+c;
b+c nur w ergiebt, wenn wir das Verhältniss dieser
vier Handschriften als sicher ermittelt annehmen;

4) dass auch, wo P von den übrigen Handschriften abweicht,
jedoch Befriedigendes bietet, nicht etwa weil andre Handschriften unter sich übereinstimmen, in P geändert werden
darf, da eine solche Aenderung nur eine Lesart aus y in
x versetzen würde.[47]

In Betreff des letzten Punktes anticipiren wir insofern,
als wir uns für berechtigt halten, die provenzalische Uebersetzung
einer französischen Handschrift völlig gleich zu achten. Dies thut
in der That auch schon Gaston Paris, der sie als *calque servile
du français*[48] bezeichnet; und damit ist ihr Verhältniss zu x
ausgesprochen. Da es jedoch bei unsrer Untersuchung bis auf
den Nachweis der Echtheit der einzelnen Lesart ankommt, bedarf
es schon einer ausführlicheren Darlegung der

C.
Treue der provenzalischen Uebersetzung.

Wenn eine Vergleichung von 1000 provenzalischen Versen,
die ca. 1250 Versen der Handschrift a entsprechen, ergiebt, dass
etwa nur 300 provenzalische Verse wörtlich genau mit a übereinstimmen, während eine grosse Anzahl Verse, die a hat, der
provenzalischen Uebersetzung fehlen, der Rest nur in den ersten
Vershälften oder gar nicht übereinstimmt, so könnte man allerdings
geneigt sein zu glauben, dass der provenzalische Uebersetzer mit
seiner Vorlage sehr frei verfahren wäre. Allein eine Vergleichung
von P mit der E-Handschrift in solchen Punkten, wo P und a
abweichen, lehrt, dass P dennoch eine Autorität für seine Lesarten
hat, und also a von dem Originale entfernter ist; es ist zu ver-
muthen, dass ebenso auch die übrigen französischen Handschriften

---

47) Wenn also z. B. die Herausgeber des französischen Fierabras
V. 5377 aus c in den Text von a aufnehmen, so haben sie entweder einen
blos von c zugesetzten Vers dem a octroyirt, oder höchstens w hergestellt;
denn weder E noch P haben diesen Vers, daher er weder in y noch in x stand.

48) Hist. poét. de Charl. p. 86.

den provenzalischen Text bestätigen in Punkten, die nicht durch
E oder sonst ihre Erledigung finden; es wird sich durch sie
erweisen lassen, dass P seiner Vorlage fast blindlings gefolgt ist.

1) Durch E wird die Echtheit folgender provenzalischer
Verse, die in a fehlen, bestätigt:

P	33 =	E nach 3	P	1443 =	E nach 1194
	628 =	- 68			(2 Verse)
	690 =	- 177		1484 =	- 1289
	705 =	- 203	1489—1491 =		- 1294
	750 =	- 264			(3 Verse)
	789 =	- 307		1518 =	- 1328 50)
823—829 =		- 351 49)			(1. Vers)
		(6 Verse)	1554—1555 =		- 1368
	844 =	- 369			(2 Verse)
	862 =	- 388	1607—1608 =		- 1444
	918 =	- 467			(2 erste Verse)
	929 =	- 487		1628 =	E nach 1465
	1017 =	- 629			(1. Vers)
	1099 =	- 756		1649 =	- 1490
	1169 =	- 841		1657 =	- 1497
1180—1183 =		- 852			(1. Vers)
		(4 Verse)		1673 =	- 1525
	1229 =	- 907			(2 Verse)
	1244 =	- 930		1740 =	- 1615
1246—1247 =		- 932		1743 =	- 1617
		(2 letzte Verse)			(2. Vers)
	1287 =	E nach 978		1760 =	- 1637
	1319 =	- 1022			(1. Vers)
	1326 = .	- 1030		1783 =	- 1666
	1354 =	- 1057	1786—1790 =		- 1668
					(ausser d. 1. u. letzten V.)
				1854 =	- 1780
					(zum Theil)

---

49) Auch P 827 hat in y gestanden, E hat noch eine Spur davon:
P 827-828 lauten: „baro", ditz Olivier, „trastotz vos vuelh preyar.
s'ieu vos ay ne forfayt en fayt ni en parlar,
der vorletzte unter den in E nach 351 sich findenden Versen aber so:
„seignors, se vos ai dit noient en fait ne em parler.
Dieser Vers ist gerade um das den Vers beginnende Wort seignors zu lang,
das dem provenzalischen baro 827 entspricht und zeigt, dass der Schreiber
von E aus einer Zeile in die andre gerathen ist.

50) Bei Knust 1329 (wohl nur Druckfehler): der hier als 3. angeführte
Vers ist in a 1329, ist E also nicht eigenthümlich.

P 1945	=	E nach 1908	P	3597	=	E nach 4183
2093	=	- 2113		3706	=	- 4324
2134	=	- 2185		3754	=	- 4379
2198	=	- 2261		3790	=	- 4429
2245—2246	=	- 2373		3806	=	- 4443
		(2 Verse)		3837	=	- 4485
2321	=	- 2451		3909	=	- 4580
2344	=	- 2479				(3. Vers)
2548—2549	=	- 2710		3990	=	- 4705
		(2 Verse)		4000	=	- 4714
2599	=	- 2764				(1. Vers)
		(1. Vers)		4130	=	- 4932
2601	=	- 2764				(2. Vers)
		(2. Vers)		4212	=	- 5059
2776—2778	=	- 3083				(6. Vers)
		(3 Verse)		4229	=	- 5081
2916	=	- 3274				(2. Vers)
3076	=	- 3478		4251	=	- 5104
3179—3180	=	- 3588		4296	=	- 5201
		(2 Verse)				(2. Vers)
3208	=	- 3617		4330	=	- 5244
3357	=	- 3791	4336—4337		=	- 5249
3395	=	- 3852				(2. 3. Vers)
		(1. Vers)	4418—4419		=	- 5361
3479—3480	=	- 3982				(2 Verse)
		(2 Verse)		4425	=	- 5366
3514	=	- 4058		4437	=	- 5378

Die meisten dieser E-Verse stimmen mit P wörtlich überein, andre zum Theil, oder dem Sinne nach. — Es bleiben hiernach P noch ca. 50 eigne Verse, die zwar entbehrlich sind, aber trotzdem nicht Zusatz von P zu sein brauchen; bereits y kann sie unterdrückt haben. Der E-Handschrift verbleiben noch über 200 eigene Verse, die entweder von z, wie D erweisen kann, oder von E selbst hinzugefügt sind; einige müssen, weil sie in a offenbar ausgelassen sind, schon in y gestanden haben, andre sind aus Versehen doppelt geschrieben.

2) Mit E fehlen P eine Anzahl Verse, die von a oder seiner Quelle hinzu gedichtet worden sind; in y standen sie noch nicht. Es sind die Verse: a 83, 344, 1056, 1620, 1760, 1761,

1962, 2216, 2329, 2330, 2435, 2608, 2768, 2800, 2801, 3267, 4205, 4307, 4372, 4396, 4397, 4456, 4543, 4636, 4637, 4663, 4824, 5068, 5077, 5116, 5377 (aus c in a gesetzt).[51]) Von einer Anzahl in E wie in P fehlender Verse lässt sich nicht sagen, ob E sie vergessen oder a zugesetzt habe, weil sie an solchen Stellen E fehlen, an denen P zugleich um mehrere andere Verse kürzer ist. Folgende Verse aber, die in a und P sich finden, hat E vergessen oder absichtlich ausgelassen, sie standen bereits in y; einige fordert auch der Sinn.

a	154	= P	671	a	1768	= P	1850
	155	=	672		1824	=	1889
	226	=	725		1850	=	1911
	280	=	762		1987	=	2008
	288	=	770		2003	=	2019
	381	=	855		2094	=	2074
	396	=	869		2142	=	2117
	455	=	908		2197	=	2147
	477	=	926		2217	=	2165
	534	=	960		2220	=	2168
596—597		=	992—993		2381	=	2254
	725	=	1075	2409—2412		=	2283—2886
	742	=	1090	2415—2416		=	2289—2291
	838	=	1166		2434	=	2306
	968	=	1276		2437	=	2308
	983[52])	=	1291		2446	=	2316
	1140	=	1405	2448—2450		=	2318—2320
	1363	=	1548		2573	=	2432
	1365	=	1550		2662	=	2513
	1475	=	1636	2713—2714[53])		=	2551—2552
	1481	=	1641		2716	=	2553
	1578	=	1711		2767	=	2605
1627—1628		=	1751—1752		2790	=	2618
	1680	=	1794		2827	=	2650
	1698	=	1809		2854	=	2674

51) s. p. 28 Anmkg. 47.
52) wenn 982 bei Knust Druckfehler.
53) bilden in E nur 1 Vers, s. Knust zu diesem Verse.

a	2950	= P 2713		a	4386	= P 3762
3071—3073	=	2763—2765		4395	=	3768
3178	=	2849·		4403[56])=		3773
3201[54])=		2864—2866		4494	=	3843
3474—3475	=	3071—3072		4628	=	3947
3482	=	3080		4741	=	4014
3564	=	3154		4840	=	4089
3584	=	3173		4850	=	4097
3811	=	3370		4854	=	4102
3859	=	3401		5059	=	4210
4029	=	3498		5248	=	4335
4197	=	3605		5252	=	4340
4209	=	3618		5257	=	4345
4331[55])=		3713		5265	=	4352

Zur Auslassung von Versen sah sich der Schreiber von E (oder z, wenn D mit E gleichlautend ist) mehrere Male veranlasst, wenn er eine stärkere Aenderung angebracht hatte, z. B. 5059[57]). Der bei weitem grössere Theil dieser in E fehlenden Verse scheint aber, weil sie durch Construction oder Zusammenhang erforderlich werden, unabsichtlich ausgelassen zu sein. Besonders häufig ist einer von zwei oder mehreren mit gleichen Buchstaben beginnenden Versen ausgefallen, was leicht geschehen konnte, wenn in z die Anfangsbuchstaben der Verse von den Wörtern, zu denen sie gehören, getrennt und wie in E[58]) in eine besondere Reihe untereinander gestellt waren. Einige Verse fehlen E nur scheinbar; sie finden sich an andern Stellen, z. B. 4064, 4065, 4069 stehen als 3., 4., 7. Vers nach 4070.

3) Auch die Lesarten der E-Handschrift bestätigen vielfach von a abweichende Lesarten der provenzalischen Uebersetzung. Da der ausführliche Nachweis hiervon einen allzugrossen Raum einnehmen würde, so begnügen wir uns mit der Anführung der betreffenden Verse aus dem ersten Drittel des Gedichts:

54) ebenso 3200—3201 in E zusammengezogen.
55) Dieser Vers fehlt E nur an dieser Stelle; er findet sich unter den E-Varianten nach 4339.
56) P 3774 besteht aus 4403 und 4404.
57) s. Esc.-Varianten zu diesem Verse.
58) Knust, l. l. p. 45.

P	E	P	E	P	E
639	91	1021	639	1316	1020
688	175	1041	662	1346	1050
726	227	1113	775	1404	1139
748	263	1141	808	1430	1168
755	272	1240	917	1759	1637
859	386	1251	938	1784	1667
932	491	1264	953	1827	1722
942	511	1301	998	1961	1927
987	588	1305	1002	1971	1939
1009	622	1310	1008	1982	1954

Mit andern Varianten steht **E** allein gegen die übereinstimmenden **P** und **a**, z. B. gegen a 53 und P 616; sie sind dann absichtliche Aenderungen von **E** oder **z**. Mehrere betreffen solche Verse, die der provenzalischen Uebersetzung überhaupt fehlen. Nicht häufig ist der Fall, wo alle drei, **P**, **E** und **a** gleichzeitig von einander abweichen. Dann beweist vielfach

4) Die Anwendung unprovenzalischer Reimwörter, wovon bereits Beispiele mitgetheilt wurden, den engen Anschluss der provenzalischen Uebersetzung an ihre französische Vorlage. Reich an französirten Reimwörtern sind die Tiraden in *ier*, z. B. P 138—232; daher fand **P** auch die erste Tirade V. 1—29 in *ier* (V. 10 *chier* für *car*, 12 *prezier* für *prezar*, 14 *turmentier* für *turmentar* etc.), welche allen französischen Handschriften fehlt, in seiner französischen Quelle und hat sie keineswegs hinzugedichtet.[59] — Ebenso sind in den Tiraden auf *ia*, z. B. 47—77, 1306—1323 etc. (vgl. oben p. 11), in denen das Femininum des Part. pass. auf *ida* mit Syncope des *d* auf *ia*, entsprechend dem französischen auf *ie*, erscheint (man vgl. 1311 *sortia* mit 4953 *partida*), ferner in der Tirade in *ela*, V. 122—137 (s. oben p. 11), in den Tiraden auf *is* z. B. 323—367, 4769—4785 (4771 *pris* für *pretz* = franz. *pris* = *prix*; 4781 *forbis* für

---

59) V. 5 jedoch, der halb dasselbe sagt, was V. 7, aber weder an diese Stelle passt, noch mit V. 7 sich verträgt — denn unmöglich kann die Geschichte in Paris unter dem Altar (eine naive Art, die Wahrheit der Geschichte vom Fierabras zu erhärten) und zugleich im Kloster von St. Denis unter dem Hauptaltar gefunden sein — scheint ein Versuch des provenzalischen Uebersetzers zu sein, den mit *Richier* in V. 6 beginnenden französischen und provenzalischen gleichlautenden Wörtern im Reime aus dem Wege zu gehen.

forbitz 4770), in denen auf *an* z. B. 1238—1291 (1241 *omni-potan* für *omnipoten*, 1245 *albergaman* für *albergamen* etc.) und in den Tiraden auf *en* gemischt mit *an*, z. B. 3912—3941 (3913 *Orien*, 3941 *Orian*; 3921 *vivan* für *viven*), in denen auf *o*, *or* etc., z. B. 4024—4061, 4288—4307 (4036 *aquitarom* für *aquitarem*, 4304 *tenom* für *tenem*) und in der Tirade auf *onde* 2123—2130 (2123 *monde* für *mon*, 2126 *tonde* für *tonda*) mehrfach zu Gunsten des Reimes und der Wiedergabe der französischen Vorlage Angriffe auf die provenzalische Sprache gemacht worden, wodurch bei Abweichung aller Handschriften eine Entscheidung über die Echtheit des Ueberlieferten gewonnen werden kann. Auch Versetzung des Wortaccentes hat sich der provenzalische Uebersetzer des Reimes und der Uebersetzungstreue wegen erlaubt, z. B. 4349—4383, Tirade in *a*, wo im Reime für das französische Imparf. II. 1. Conjug. durchgängig das Présent gebraucht ist, weil französische Futurformen, die sich im Reime finden, zu dem provenzalischen Imparf. II auf *et* nicht gepasst haben würden. Allein die Umsetzung des französischen Imparf. in das erzählende Présent führte nun zur Betonung des auslautenden *a* der 3. Pers. Sgl. Prés. Ind. der Zeitwörter 1. Conj., die ihre eigentliche Tonstelle in der vorletzten Silbe haben, also z. B. 4351 *apelá* (== franz. à 5263 *apela*) statt *apéla*, 4352 *rebayzá* für *rebáyza* etc.[60]) Aus allem diesen geht aber hervor, wie unfrei der provenzalische Uebersetzer seiner französischen Vorlage gegenübersteht, und dass man überall da treue Wiedergabe derselben annehmen darf, wo sich das Provenzalische in das Französische zurückübersetzen lässt und dabei Vers und Reim gewahrt bleiben.

5) Von mehreren Stellen heben wir endlich einige hervor, an denen sich zeigen lässt, dass trotz der Uebereinstimmung der französischen Handschriften untereinander der provenzalische Uebersetzer nicht selbstthätig seine Vorlage umgestaltet hat,

---

60) Es sei bemerkt, dass auch in der *Chronique des Albigeois* (*Raynouard, lexique* I, p. 240—41), solche ungewöhnlich betonte Reimwörter sich finden, z. B. *montá*, *parlá*, *torná*, *devisú* etc. — In der lyrischen Poesie mag diese in Rücksicht auf den Reim erzwungene Betonung nicht vorkommen. — Irren wir nicht, so findet sie sich auch einigemale im *Girart de Rossilho*.

sondern ihr treu gefolgt ist. In **P** sagt Fierabras zu Olivier
V. 1672—1676: nehmt den Renner und helft mir in den Sattel,
nimm auch (das Schwert) *Florensa* weg, denn zu sehr drückt es
mich, und auch die andern (1675) sc. Schwerter, dann werdet ihr
4 der besten Schwerter haben. Fierabras ist mit 4 Schwertern
zum Zweikampf gegen Olivier gezogen, jetzt, da er verwundet
ist, lässt er sie von Olivier abnehmen. Den Handschriften **a**
und **E** fehlt nach V. 1527 der provenzalische V. 1675, in dem
Fierabras den Olivier auch die drei andern Schwerter abnehmen
heisst; Olivier soll daher V. 1527 das Schwert *Plourance*
(= **P** *Florensa*) nehmen und wird dann (1528) 4 Schwerter
haben, — ein Verstoss gegen das 1×1, der durch den nach
1527 schon in **y** ausgefallenen V. 1675 der provenzalischen
Uebersetzung veranlasst worden ist. Ebenso hat **P** den V. 2067,
der schon in **y** nach **a** 2068 ausgefallen ist, allein. Floripar
hat Brutamont befohlen ihr einen Stock zu bringen; er geht ihn
zu holen (**P** 2065, **a** 2085); Floripar stellt sich vor den Ausgang des Gefängnisses (**P** 2066, **a** 2086) und erhält, von Brutamont den Stock, wie **P** 2067 allein sagt. Wenn Floripar darauf
(**P** 2069—2071, **a** 2089—2091) mit diesem Stock den Brutamont
todtschlägt, weil er ihr das Gefängniss zu öffnen wehren will,
so war es doch nicht überflüssig zu bemerken, dass Brutamont
mit dem Stock zurückgekommen war und ihn Floripar übergeben
hatte, was nur in **P** 2067 geschieht. — Auch wenn Floripar
auf ihre Frage, worüber die Heiden klagten (**a** V. 2050), die
Antwort erhält, dass Fierabras, ihr Bruder, todt sei, so ist das
doch nicht wahr (und die Heiden wissen nach dem, was vorausgeht, das Richtige), und wiederum giebt **P** 2039 richtig an, dass
Fierabras nur gefangen *(pres)* ist, und hat seine Vorlage nicht
verändert. — Aus ähnlichen, leicht zu vermehrenden Stellen,
geht aber gleichfalls hervor, dass **P** nicht nur treu, sondern auch
besser ist als die französischen Handschriften.

Soweit liess sich mit unsern Mitteln die Treue der provenzalischen Uebersetzung beweisen; absichtliche Aenderungen hat
sie sich im Allgemeinen nicht erlaubt, von Versehen ist sie
allerdings nicht ganz frei. So fehlt z. B. nach 933 der französische Vers **a** 496, ohne welchen im folgenden Vers 934 *l'un*

e de l'autre unverständlich ist; ebenso fehlt der Vers a 1747
nach **P** 1836, da nicht unerwähnt bleiben darf, dass auch *Joffroy*
und *Aubery* gefangen fortgeführt werden. Nach 3036 hat **P**
sogar die 7 (nach **E** nur 6) unentbehrlichen Verse a 3428—3434
übersprungen; denn darüber, dass *Gui de Borgoigne* durch den
Streich des Heiden *(Falsabratz)* niedergeworfen wird, kann der
„*amirans*" nicht von Zorn entbrennen (3040); wohl aber, wenn,
wie in a und **E** Gui diesen Heiden niederschlägt. Die fast
gleich beginnenden Verse a 3428 und 3435 veranlassten wahrscheinlich den provenzalischen Uebersetzer zu einer Abirrung. —
P 4200 nöthigt aber selbst anzunehmen, dass der provenzalische
Uebersetzer eine ganze Tirade a 4874—4912 übergangen habe.
Mit *la jayanda* nämlich wird V. 4200 (fehlt a und **E**) auf eine
dem Hörer bereits bekannte Person hingewiesen, von der in **P**
aber noch nicht gesprochen worden ist, während ihr allerdings
in a (und **E**) mehrere Verse, 4902—4903, in der **P** fehlenden
Tirade 4874—4912 gewidmet sind. Dass eine frühere Erwähnung
der provenzalischen Uebersetzung nicht fehlen kann, ist offenbar,
dass aber eine solche in x gestanden, von **P** aber aus Versehen
ausgelassen worden ist, wird sich später ergeben. — Irrthümlicher
Verstellung hat sich **P** schuldig gemacht z. B. V. 1226
(fehlt a und **E**), der eher seinen Platz nach 1220 hat, V. 3572,
der, wie Im. Bekker schon vermuthete[61]), vor 3571 stehen muss
(vgl. a 4145—4146), V. 4097, welcher vor 4096 (vgl. a
4848—4849) gehört, V. 5049, der, wie in a 6178 auf 6177,
so auf 5047 folgen muss. — **Absichtlich geändert** hat aber
der provenzalische Uebersetzer in zwei besondern Fällen, jedoch
nur in unbedeutender Weise, beide Male um assonirenden oder
ihm ungefügen Reimen seiner französischen Vorlage aus dem
Wege zu gehen, einmal gelegentlich in verschiedenen Tiraden,
z. B. 899 *celat* gegen a 445 *celer*, 1494 *tan dubta Ferabratz*
gegen a 1299 *tant a le roi douté* (ebenso **P** 2503 a 2678),
4788 *palmat* gegen 5809 *pié* in Tiraden auf *é(s)* = *at(z)*;
1016 *que tant volc el gardar* gegen a 629 *dont li poins ert
dorés* (Tirade auf *er* gemischt mit *és*, *é* = *ar*), oder V. 4275

---

61) Ferabras prov. hrsg. v. Bekker, Anmkg. zu diesem Verse p. 183.

a sa gen de Martiple aucia gegen **a** 5143 *a passé ja par force
Mautrible* (Tirade auf *ie* = *ia*); das andre Mal häufig in den
Tiraden in *ar*, die er aus französischen in *ier* zu bilden versucht
hat, z. B. 868 ff., 3065 ff., 4469 ff. In diesen musste er, um
den Reim festzuhalten, französisch und provenzalisch gleichlautende
Subst., Adj. etc. in *ier* von der Reimstelle entfernen, wie V. 868
vay Olivier sonar aus **a** 395 *apela Olivier* oder auch andre Wörter
für die originalen einsetzen, wie 872 *clar* für **a** 399 *fier*, 885
sapias que a tal bar für **a** 419 *a si boin chevalier* etc.

Von diesen unbedeutenden Abweichungen abgesehen macht
die provenzalische Uebersetzung in der That den Eindruck eines
calque servile ihrer Vorlage **x** und gerade darin liegt ihr Werth
für die Kenntniss des Gedichts vom Fierabras: sie hat uns
eine ältere Redaction desselben erhalten, die dem Originale näher
steht als alle französischen Handschriften; denn keine derselben
ist frei von willkürlichen Eingriffen, sie sind absichtliche Um-
gestaltung des Originals, Redactionen, aus denen der ursprüngliche Kern nur noch schwer erkennbar ist. Und die Thätigkeit
ihrer Redactoren, seien sie Sänger oder Schreiber, erstreckte sich
keineswegs blos auf Aenderung im Ausdruck, im Reime, sondern
sie unterdrückten grosse und wesentliche Theile des Gedichts,
wie der Redactor **y** die provenzalische Episode, und gestatteten
sich Erweiterungen im weitesten Maasse. Das zeigt schon eine
Vergleichung des Umfangs der Handschriften **E** und **a** mit **P**.
Die **E**-Handschrift würde, wenn sie vollständig wäre, ihre unab-
sichtlichen Auslassungen in Anschlag gebracht, ca. 6500 Verse
zählen, während **a** 6219 enthält. Diese entsprechen ca. 4523
provenzalischen Versen (denn die provenzalische Episode von
561 V. muss von der Gesammtzahl der provenzalischen V. 5084
für diese Vergleichung in Abzug gebracht werden), **E** enthält
somit ca. 2000 Verse, das ist fast $1/3$, und **a** ca. 1700 Verse
oder über $1/4$ mehr als das provenzalische Gedicht. Durch
Hinzufügung so vieler Verse, die bald an dieser, bald an jener
Stelle des Gedichts, bald einzeln, bald in grösserer Zahl eingeschoben sind, musste ein *mixtum compositum* entstehen, in
dem Plan und Einheit des Originals untergingen; es ist selbstverständlich, dass alle Urtheile, die auf solche Ueberarbeitungen

sich gründen und dem Originale gelten sollen, dies nicht treffen können, sondern nur seine veränderten Gestaltungen. — Dass P oder seine Vorlage Kürzungen in ihren Quellen vorgenommen haben, davon kann nicht die Rede sein. Denn abgesehen von der überall ausgesprochenen Absicht des provenzalischen Uebersetzers, das Original streng wiederzugeben, müsste seine Vorlage so reich an Ueberflüssigem, Störendem gewesen sein, dass die Uebersetzung mit der Vorlage verglichen vortrefflich genannt werden dürfte. Dabei wäre in der Kürzung keine Consequenz sichtbar und bei alledem behielt das Original immer noch die wunderliche Eigenschaft, dass aus ihm unbeschadet des Ganzen grosse Stücke nach dem Belieben der Schreiber hätten ausgestossen werden können. Der Annahme erweiternder Redactionen steht dagegen nichts im Wege, es existiren solche von andern chansons de geste und sie erklären sich aus der Natur dieser poetischen Gattung.

Es kann nun nicht ohne Interesse sein zu sehen wie die Redactionen des Fierabras sich auseinander entwickelt haben, wo und welche Veränderungen in ihnen angebracht worden sind und was denselben characteristisch ist. Denn es ist wohl denkbar, dass andre chansons de geste denselben Umformungsweisen wie der Fierabras unterworfen gewesen sind und eine Betrachtung derselben Fingerzeige für die Kritik der chansons de geste überhaupt darbietet. Auf diesen Gesichtspunkt mag der folgende für unsere Frage nach dem Original des Fierabras nur nebensächliches Interesse darbietende 2. Theil unsrer Untersuchung seine Berechtigung stützen. Da es jedoch an dem erforderlichen handschriftlichen Material fehlt, um auch die Entwickelung von z und w aus y zu zeigen, so beschränken wir uns im folgenden 2. Theile unsrer Untersuchung auf die Darstellung des Verhältnisses der Redaction y zu x, die bei der grossen Differenz dieser beiden Redactionen wohl ergiebig genug sein dürfte und ausreichende Belehrung gewähren wird. Wir haben meist solche Stellen dafür gewählt, an denen sich beweisen lässt, dass y wirklich Erweiterung, x nicht etwa Kürzung ist.

II.

Die Redactionen **y** und **x**.

Nachdem wir oben p. 20 ff. über den Ausfall der provenzalischen Episode, über ihre Spuren in **y** und über den Versuch des Redactors dieser verlorenen Handschrift gesprochen haben die Auslassung durch einige motivirende Verse zu verdecken, kann hier nur noch von kleinen Veränderungen und den Erweiterungen der Redaction **y** die Rede sein.

Die Veränderungen betreffen

~ 1) einzelne Wörter oder Phrasen im Reim oder Versausgange; Synonyma und gleichbedeutende Phrasen haben das Ursprüngliche verdrängt; wir nehmen die Beispiele hierfür aus solchen Versen, in denen **P** die Reimwörter französirt hat.

P 1083 *ieu no seria per vos ayssi leu conqueris*

a 733 *ne kerroie je pas en vos lois convertis.*

Hätte der Vers **a** 733 in **x** gestanden, so hätte er genau von **P** wiedergegeben werden können. Das unprovenzalische *conqueris* statt *conques* (oder höchstens *conquesut*) kann daher nur in einem französischen *conquis* seinen Grund und seine Verfälschung zu *conqueris* dadurch erhalten haben, dass bei der Uebertragung des französischen Verses *(ainsi legier conquis?)* der provenzalische Vers um eine Silbe zu kurz wurde, die **P** dem *conques* anfügte.

P 1088 *so respon Olivier „no plassa dieu lo pis* (unprovenzalisch statt *pieitz, pietz = frz. pis)*

a 740 *et respont Oliviers „ne place a Jhesu Cris. —*

P 1103 *Frances los esgardero de lotjas e de traps* (Tirade in *atz*, vgl. **P** 1373 = **a** 1102)

a 760 *François les esgarderent moult en sunt effraé*

welche Aenderung in **y** nun auch den **P** fehlenden V. a 761 herbeigezogen haben mag mit seiner banalen Phrase: *et dist li uns à l'autre: „ja verrés I verser"*. —

P 1218 *Mas amduy li baro son él pueg entre pis*
   a 896 *Et li doi baron sunt desous le pin antis*,

pin scheint **y**, weil es zu den übrigen Reimen in *is* nicht passt versetzt zu haben.

  P 1260 *merce vos reclamet de bon cor veraman* (statt *veramen* = *vraiement*)
   a 950 *Merchi vous cria, Sire, sa poitrine batant.* —

P 2918 *amon per mieg son elme feric Flori de Quier*
   a 3276 *Amont parmi son elme ala ferir Tempier.*

Die Veränderung des Namens hat aber zur Folge, dass Tempier in **a** eines 2maligen Todes sterben muss, hier fällt er durch Roland, durch Gui nochmals

   a 3628 *Amont parmi son hiaume ala ferir Tempier*, wo
  P 3224 *e tenc lo bran èl punh, e vay ferir Cartier*

wiederum einen andern Namen hat. Dass Tempier aber durch den Schlag beide Male wirklich getödtet worden ist, sagen ausdrücklich die beiden gleichlautenden Verse **a** 3277 und 3639 (= **P** 2919, 3225). —

P 2928 *car tans payas lay a, no le podon avizier* (statt *avizar*)
   a 3289 *Que Sarrazin s'asanlent à chens et à millier;*

aber im folgenden, **P** fehlenden Vers

   a 3290 *Tant en i a venu nus ne les puet prisier*

giebt das 2. Hemistich auch das 2. Hemistich des **P** 2928 dem Sinne nach genau wieder. —

P 3209 *Floripar venc als murs los comtes remirier* (statt *remirar*)
   a 3618 *Floripas la courtoise s'est alée apoiier*

in Folge welcher Aenderung **y** noch folgende 3 Verse hinzusetzen musste, deren letzter das zweite Hemistich des **P** 3209 ersetzt:

   a 3619—3621 *A une des fenestres du grant palais plenier,*
      O lui ses damoisieles où il n'ot qu'enseignier.
      La bele regarda contreval le gravier.

2) **Aenderungen in y, die nicht aus dem Reim erkennbar sind.**

In **a** 387 hat **y** *Karlemaine* für **P** 860 *Olivier* gesetzt und dadurch eine feine Erfindung des Originals zerstört. Allerdings ist es auf den ersten Blick auffällig, wenn Olivier, der dem Fierabras gegenübersteht, zu diesem sagt „dass Olivier und Roland von den Zelten aus nach ihnen schauten, er· solle sich daher zum Kampfe rüsten (P 858 ff., a 385 ff.); denn, muss man denken, der Olivier der zu Fierabras spricht, kann nicht zugleich von den Zelten aus schauen, aber y, der hier wohl einen Widerspruch spürte, hat nicht bedacht, dass der Dichter den Olivier absichtlich so sprechén lässt, damit Fierabras um so eher glaube, dass er keinen Helden Karl's vor sich habe, sondern wirklich nur einen gewöhnlichen Ritter, für den sich Olivier vor Fierabras ausgiebt (P 895 ff., a 437 ff.), weil es scheinen soll, als würdige Karl den Fierabras nicht mit einem seiner Grossen zu kämpfen. Olivier ist daher P 860 wohlbedacht vom Dichter geschrieben worden. — P 2730 heisst es, dass Olivier auf den König Rodoat losgeht, um ihn niederzuschlagen; derselbe entspringt jedoch durch das Fenster aus dem Saale des Palais, das die 12 Pairs überfallen (P 2731—2732). In y wirft dagegen Olivier in der That den König Cordroé (= Rodoat) a 2975 todt nieder, dafür müssen aber, damit diese schöne Erfindung nicht verloren gehe, 1000 Heiden durch die Fenster des Saales springen, wie (nach den zugesetzten Versen, welche die Situation ausmalen sollen:

  a 2976—2980 *Cascuns de nos barons s'i est bien esprouvés.*
              Li mangers qui estoit as tables aportés
              Fu moult tost espandus et à tere versés
              Coupes et hanas d'or véissiés roueler
              Mout i ot Sarrazins ocis et decaupés,)
  V. 2981—2982 *Et parmi les fenestres du grant palais listé*
              En sont tel M. sali qui les cuers ont crevés,

welche in

  P 2731—2732 *e per mieg las fenestras del ric palays listrat*
              en salh cel que pus pot, com home desenat

lauten, aber auf Rodoat allein bezogen werden, erzählen.

    Die Aenderung des Verses

  P 2030 *ja luns home que la cinte (cenha) non aura 'l pel mesclat*

in a 2021 *Hons ne fame qui soit n'ara le poil mellé*

veranlasst in **y** den V. a 2024 *S'esgardast la çainture et l'anel noielé*, der **P** fehlen muss, da in **P** die Wunderwirkungen dieses Gürtels (**P** 2030—2033, a 2021—2023, 2025) von dem Umgürten desselben (**P** 2030), in **y** (a 2024) von dem Anschauen abhängig gemacht werden; nach **P** 2030 ist für **P** der Vers a 2024 unmöglich.

Aenderungen zogen hier bereits mehrfach Erweiterungen nach sich. — Die selbständigen Erweiterungen sind mehr· facher Art.

1) Zerdehnungen eines ursprünglichen Verses in 2 oder mehrere so, dass nach dem ersten Hemistich eines Verses bis zur Cäsur des nächsten eine Einschaltung stattgefunden hat, welche das zweite Hemistich des zerdehnten Verses beschliesst. Bisweilen erstreckt sich die Zerdehnung über mehrere Verse. Dass **P** in solchen Fällen contrahirt habe, ist schwerer glaublich, als dass **y** gedehnt habe. Es ist selbstverständlich, dass das Gedicht dadurch nicht gewinnt, vielmehr erhält das phrasenhafte Element noch weitere Ausdehnung, und gute Gedanken erscheinen in langweiliger Breite. Die Zahl solcher Zerdehnungen ist bedeutend; wir können natürlich nur wenige derselben anführen.

a 82—83 Rollant et Ollivier, et si viegne Tierris,

Et Ogiers li Danois, qui tant par est hardis;

sind aus **P**   634 *Rollań os Olivier que tan fort son ardis* geworden.

In der folgenden repetirenden Tirade ist ·V. 83 gemäss von **y** des Ogier wiederum Erwähnung gethan in einem besonderen Verse (a 99), der **P** fehlt; Tierris (a 82) dagegen ist inconsequenter Weise fallen gelassen worden. Auch die Verse a 258, 413, 488, 592 hat **y** dem Ogier gewidmet gegen das Original. Für Hinzudichtung spricht deutlich V. 413. Denn auf die Bitte, die Fierabras an Olivier richtet, ihm Auskunft zu geben über Karles, Ogier, Roland und Olivier etc. (a 411 ff.), spricht Olivier im folgenden (a 417 ff.) nur von Karles, Roland und Olivier, während des Ogier von ihm mit keiner Silbe gedacht wird. Ebensowenig spricht Olivier von Tierri d'Ardane und Berart de Montdidier, nach denen Fierabras a 415 fragt, daher auch dieser Vers (gewiss auch 416) von **y** hinzugesetzt ist. —

a 157—158 *Que li viel chevalier c'avoies amené*
L'avoient moult miex fait que li joule d'assés
P   674 *que los viels feyron miels que li jove assatz.*

Für *avoient fait* hatte **x** wie **P** *firent*. Die Einschaltung, die sich **y** hier erlaubte, war nöthig, weil der Vers, wie ihn **P** bietet, nur aus der von **y** ausgelassenen Episode verständlich war (vgl. 555—557, **a** 39). Wie inhaltlos ist dies *c'avoies amené* etc. —

a 3174—3175 *Vassaus, dist Floripas, trop folement parlés,*
Mais criés leur merci et si les aorés.
P   2846 „*vassals*" *dis Floripar,* „*ara los adzoratz*".

Die von **y** eingeschobenen Worte „zu thöricht sprecht ihr", die sich auf die Wórte Gui's in **a** 3164—3173 richtig beziehen, kann **P** nicht haben, da ihm die Worte Gui's fehlen. **y** lässt in diesen Gui die Menge Goldes bewundern, welches sich in der Synagoge des Balan, woselbst die goldnen Götterbilder der Sarazenen stehen, befindet. Der Zusatz der Verse 3164—3173 und die Zerdehnung des provenzalischen V. 2846 erweisen sich als solche aus dem Zusammenhang. Die Aufforderung der Floripar nämlich, die Götter anzubeten, die in **P** 2846 an alle Pairs gerichtet ist, gilt in **y**, gemäss den Worten **a** 3174 „zu thöricht sprecht ihr", nur dem Gui, da er allein vorher gesprochen hat. Im Sinne des **P**-Verses 2846 hat nun auch Ogier (**P** 2847, **a** 3176) die Götter angeredet, Gui dagegen nicht, wenn er **a** 3177 sagt, dass Ogiers Gebet nicht erhört sei. Für Gui hätten somit die Andern und unter ihnen Ogier den nicht an ihn, sondern laut V. 3174—75 an Gui gerichteten Auftrag der Floripar erfüllt. Welche Kreuz- und Querzüge müssten der dichterischen Erfindung zugemuthet werden, wenn **a**'s Fassung dieser Stelle für ursprünglich gehalten werden sollte! Ja, sie böte geradezu Widersinn, da Vassaus **a** 3174 der Vocativ Plur. ist (als Voc. Sgl. wird sonst der Cas. obl. vassal gebraucht, z. B. **a** 407, 2640 etc.) und also die Worte „*trop folement parlés*" **a** 3174 auf alle Pairs bezogen werden müssen, die gar nicht gesprochen haben. — Die beschreibenden Verse **a** 3161—3163, welche Gui's Worten vorausgehen und **P** fehlen, rühren jedenfalls auch von **y** her. —

a 3824—3825 *Quant le voit l'amirans, le sens cuide derver*
A sa voix qu'il ot clere commencha à crier.
P 3377 *Quant o vic l'almiran, ent aut pres a cridar.*
Das *commencher* vertretende *pres a* hat an andern Stellen auch **a**,
ebenso wie P den V. **a** 3825 häufig wiedergiebt, z. B. 3211. —
a 4349—4351 *Et voit l'augue bruiant, le flot parfont et lé:*
Plus tost cort c'ars ne trait I quarrel enpené.
Richard de Normendie a Jhesu reclamé.
P 3730 *e vic l'aygua preonda et a dieu reclamat.*
Jhesu, wie **a** 4351 hat, konnte in **x** nicht stehen, da ein *et*
nicht fehlen kann. —

· a 4447—4448 *L'emperere de Franche pensa moult longuement,*
Et quant il ot pensé, si parla hautement
P 3810 *L'emperayre de Fransa a cridat autamen.* —
a 5671—5672 *Li amirans cevauce, qui le corage ot fier*
Ricement fu armés sor le courant destrier.
P 4685 *L'almiran cavalguet sus un liar destrier.* —
a 5891—5893 *Un cuve de marbre de lon tans i trouva,*
U on metoit le vin quant Balan festoia:
La cuve enplirent d'aigue tant c'asés en i a
P 4849 *una cuba cumpliro d'aygua tro pro n'i a.* —
2) **Erweiterungen**[62]) durch **Einschub** einzelner
Verse, in denen **y** seine eignen Gedanken zu verwerthen sucht;
sie sind durch das ganze Gedicht zerstreut. Einige Male sind
dadurch Widersprüche mit dem Originale entstanden. So, wenn
es heisst:
a 2974 *Rollans fendi Corsuble jusqu'el neu del baudré*
denn nach P 2612, **a** 2784 ist Corsuble von Richard getödtet
worden. — Bei Hinzufügung des Verses
a 6174 *Et Raous et Jehans lor sont encontre alé*
hat sich **y** nicht recht erinnert, dass nach P 4254, **a** 5108 Hoel
und Riol (Riol = Raous) in Mautrible zurückgelassen worden
sind, und setzte widersprechend mit der früheren Stelle *Jehan*
statt *Hoel.* — Zu den Versen

---

62) Die Herausgeber des französischen Fierabras führen diese Erweiterungen weder vollständig noch genau auf.

P 1921—1922 „*ay dieus*" *dis l'emperayre,* „*tu n sias honoratz.*
si acsem Olivier, may no fora iratz."

= a 1860, 1861 fügt **y** noch den Vers

a   1862 *Et mes autres barons que Turc en ont menés,*
der sich auch sogleich als ganz äusserliches Anhängsel kundgiebt.
Denn die natürliche Gedankenfolge würde gewesen sein:

    1861 *s'or eusse Olivier et mon autre barné*
    1862 *que Turc en ont mené ne fuisse mais irés;*

y missfiel, dass Karl nur um Olivier und nicht auch um die 4
mit demselben gefangenen Barone bekümmert sein sollte. —
Jeder der provenzalischen Verse 3912—3915 hat durch **y** eine
Erweiterung erhalten:

P 3912 *Ara s'en vay la ost per*	a 4883 *Souef va li os Karlon*
un gran deruben,	*Morimonde puiant;*
	4884 *Quant il furent desus,*
	si se vont arestant.
3913 *e Karles regardet èd-*	4885 *Karles s'est regardés par*
evas Orien.	*devers Oriant,*
	4886 *Parmi une vallée, de-*
	jouste I desrubant,
3914 *Richart de Normandia*	4887 *Richart de Normendie*
vic venir fort punhen.	*vit venir tout poignant.*
	4888 *Karlemaine apela de sa*
	gent miex vaillant,
	4889 *Le duc Oel de Nantes*
	et Raoul le Ferrant:
3915 *Fetz restancar la ost*	4890 „*Faites arester l'ost*
que non ane avan.	*qu'ele ne voist avant.*

Das „*per un gran deruben*" P 3912 geht trotz der Aenderung,
die **y** in diesem Verse vorgenommen hat, nicht verloren; es
erscheint in dem zugesetzten Verse a 4856 nur anders verwendet.
Wenn aber, wie a 4884 sagt, das Heer, nachdem es oben in
Morimonde angekommen ist, schon Halt gemacht hat, so ist doch
der Befehl 4890, das Heer halten zu lassen, unnütz geworden.
Da a 4890 mit P 3915 stimmt, so ist a 4884 eingeschoben.
Die Verse a 4888—4889 sind nöthig geworden, weil in **y**

(a 4890 *faites*) Karl Anderen befiehlt das Heer Halt machen zu lassen; in **P** 4915 heisst es dagegen: er (Karl) liess das Heer anhalten.

Dn andre eingeschobene Verse häufig unschuldigerer Natur sind, als die hier angeführten, so lassen sie sich auch meist nur mit Hülfe der provenzalischen Uebersetzung als solche erkennen; eines durchgehenden Characterzugs entbehren sie; ihre Zahl ist bedeutend.

3) Einschub grösserer Stücke, durch welche kurze Beschreibungen der Vorlage ausgeführt und Reden verlängert werden oder Tiraden einen Anhang oder Vorschub erhalten. In Folge der letztgenannten Erweiterungen entstehen nicht selten Repetitionen und Varianten von bereits Erzähltem, wie auch mehrmals der Inhalt des Anfangs einer Tirade am Ende der vorausgehenden dadurch weggenommen wird. Es mögen sogleich Beispiele hierfür folgen.

Nach dem eine neue Tirade beginnenden Verse a 125 = P 660 hat y die Verse a 126—142 eingeschoben. Sie sind Variante zu den vorausgehenden Versen a 112—120 = P 652—658 und geben, was in diesen unbestimmt gesagt ist, in bestimmterer Fassung. In den Versen a 112—120 hat Karl, nachdem ihm von Fierabras die Herausforderung zum Zweikampfe entgegengeschleudert worden ist, auf seine Frage, wer dieser kühne, ruhmredige Herausforderer sei, von Richard die sehr unbestimmte Auskunft erhalten: er sei der mächtigste Mann, von dem jemals gesprochen worden wäre (a 118 P 656), nie hätte es einen Sarazenen von seiner Trefflichkeit gegeben (a 119 P 657), er schätze König und Grafen nicht einen Heller (a 120 P 658). Während nun in P Karl sofort nach V. 660 an Roland den Befehl richtet, dem Heiden gegenüberzutreten (P 661), wiederholt Karl in der Variante a 126—142 seine Frage an Richard fast mit denselben Worten:

a 126 *Il apela Richart, ki lés lui fu joustés*
112 *Richart de Normendie a tantost apelé.* —
127 *Sire dus, dist li rois, envers moi entendés*
113 *Sire dus, dist li rois, ne me soit pas celé.* —
128 *Connissiés vous cel Turc ki si a haut crié*
114 *Connissiés vous celui qui si haut a crié.* —

E nach 128 *a (grant) merueille s'est et proisfie et tante*
a 115 *a grant merveille s'est et prisiés et vantés*. —
und hier weiss Richard die bestimmte Antwort zu geben, dass
es der König Fierabras sei, der gefürchtete, der Rom zerstörte,
den Pabst tödtete, Mönchen, Nonnen und Münstern Gewalt an-
that, die Reliquien hinwegtrug und im Besitz von Jerusalem ist
(a 129—137). Offenbar befriedigte den Redactor y die erste
Antwort Richards nicht, und er suchte dem bemerkten Mangel
abzuhelfen. Was er giebt ist jedoch nicht eigne Erfindung, sondern aus dem Gedicht selbst entlehnt.

a 129—137 *Sire, ce dist Richars, ja n'orés verité:*
Ch'est li rois Fierabras, qui tant est redoutés;
C'est chil qui destruit Rommé, s'a le païs gasté.
Mort i a l'apostole, s'a pendus les abés,
Et moines et nonnains et moustiers violés,
S'enporta la couronne dont Dix fu couronnés,
Et les autres reliques, dont vous estes grevés;
Si tient Jherusalem ù Dix fu honnerés,
Et le digne sepucre où il fu suscités.

gleich a 117 *Sire, ce dist Richars, ja en orrés verté*
66 *Fierabras d'Alixandre se faisoit apeler*
54—57 *Et si voloit par force en Romme sejourner*
Et tous cheus de le vile à servage tourner.
Mais chil par dedens Romme nel vaurent créanter;
Pour tant les fist destruire et Saint Piere gaster.
58 *Mort y a l'apostole et fait en duel finer,*
59 *Et moines et nonnains y a fait violer*
60 *S'enporta la couronne qui moult fait à loer,*
62 *Et les dignes reliques que je ne sai nommer*
63 *Si tint Jherusalem, qui tant fait à amer,*
64 *Et le digne sépucre, où Diex vaut susciter.*

Auch muss er in den an Richards Antwort sich anschliessenden
Versen a 138—139, in denen gesagt wird, welche Wirkung
diese Antwort Richards auf Karl ausübt, auf die Verse wiederum
zurückgehen, in welchen das Gleiche rücksichtlich der ersten
Antwort Richards erzählt wurde, auf a 121—124, die wenigstens im Sinne a 138—139 sind. Mit V. a 140—142 erreicht

endlich **y** den Ausgangspunkt **a** 125. Die Handlung ist durch diesen Einschub blos verzögert worden. — Wundern kann man sich bei so offenbarer Variirung, dass **y** alte und neue Fassung auf einander folgen liess; den läppischen Eindruck, den es macht, wenn Karl erst auf zweimaliges Fragen eine genügende Auskunft erhält, und Richard in der zweiten Antwort sich gleichsam des Besseren besinnt, muss **y** nicht empfangen haben. Indessen ist es nur erfreulich für die Kenntniss der Poesie der chansons de geste das Alte bei dem Neuen so bewahrt zu sehen, da darin die Gewähr liegt, dass sich in ihnen auch bis in die Tiefe des zu Grunde liegenden Originals wird schauen lassen.

a 180—185 ist ein Tiradenanhängsel. Roland ist von Karl, weil er sich geweigert, den Zweikampf mit Fierabras zu bestehen, ins Gesicht geschlagen worden, so dass er blutet. Roland greift ans Schwert. Karl, darüber noch heftiger erzürnt, fordert die Franzosen auf, ihn zu ergreifen. Keiner ist jedoch so kühn, der diesen Befehl zur Ausführung brächte (— **a** 179, — **P** 692). Damit schliesst **P** diese Tirade. In den Versen **a** 180—185 droht aber Roland noch, den, der wagen würde gegen ihn vorzugehen, (mit dem Schwerte) zu spalten, worauf Ogier zu ihm begütigende Worte sagt, ihn an seine Pflicht mahnend; Roland versichert aber, dass er ausser sich sei. Streng genommen kann man die Drohung Rolands nach der Versicherung des Dichters, dass keiner gewagt hätte, an Roland Hand anzulegen, unpassend finden, denn wem droht er, wenn er Niemand vorgehen sieht? Das Bild Rolands bleibt ohne diese Stelle reiner.

a 321—327 ist eine hie und da dem Wortlaut nach abweichende, im Sinne genaue Repetition der vorausgehenden Verse: **a** 306 (**P** 787) = 321, 308 (**P** 790) = 322, 309—312 (**P** 791—793) = 323 (vgl. auch mit **a** 307), 313 (**P** 794) = 324, 314 (**P** 795) = 325, 315—317 (**P** 796—798) = 326—327. Wenn in diesen Versen Karl zweimal dieselben Drohungen gegen Genes, der Olivier für den Kampf mit Fierabras vorgeschlagen hat, ausstösst, und Genes zweimal dasselbe erwidert und zwischen den Zähnen murmelt, so ist unmöglich zuzugeben, dass der Nachdichter **y** eine künstlerische Wirkung dadurch habe erreichen wollen, dass er dem Original einen

Abklatsch, der nichts weniger ist als eine Steigerung, auf dem
Fusse folgen liess; der Eindruck der ersteren Stelle musste durch
die zweite geschwächt werden. Vielleicht waren die der Repetition vorausgehenden, eine neue Tirade beginnenden Verse
a 318—319 (P 799—800), mit welchen auf die dem Original
der Repetition voranstehenden Verse a 303—305 (P 785—786)
zurückgegriffen wird, für y Veranlassung genug, auch das diesen
Versen a 303—305 Folgende zu wiederholen.

Derselben Art ist der Einschub a 479—486. Er findet sich
nach den die Tirade beginnenden Versen a 475—478 =
P 924—927, welche ihrem wesentlichen Inhalt nach die Verse
a 457—459 P 909—910 recapituliren, die sich mitten in der
vorausgehenden Tirade befinden. Das Recapitulirte ist Anfang
einer längern Rede des Fierabras, in der sich dieser weigert,
mit einem Mann von so geringer Herkunft wie Garin (für den
sich Olivier ausgiebt) zu kämpfen. Die eingeschobenen Verse
a 479—486 repetiren nun auch noch die übrige Rede des
Fierabras:

a   477 *Mais à nul si bas homme ne veu je pas jouster,*
479—486 *Car se je t'ocioie, moult m'en devroit peser.*
         Jamais n'aroie honnour, je ne l'en quier celer,
         S'au fil de vavasour ere venus capler.
         Mais j(e) te vaurai ja moult grant honneur moustrer:
         Deseur ce bauçant sor me verras ja monter,
         Et tu t'eslaisse à force quanque pues randonner;
         Je me lairai caioir et de mon gré verser;
         Bien en pues mon ceval et mon iscu porter.
= a 459 *Ne joustai à nul homme de si bas parenté*
461—465 *Et se or t'ochioie, mes pris seroit montés?*
         Certes, ains en seroit laidement avillés,
         K'au fil de vavasour seroie en canp mellés;
         Mais or ferai pour toi c'ain ne fis pour hom né.
         Orendroit monterai en bauchant pumelé,
467—469 *Et tu t'eslaisse bien canque pues randonner;*
         Je me lairai caioir ichi tout de mon gré,
         Puis pren mon boin destrier, si l'enmaine à ton tré.

4

Die zweiten Vershälften sind in dieser Repetition stärker geändert, weil ein Reimwechsel Statt gefunden hatte. Die Verse a 598—603 sind ein Tiradenanhängsel, durch welches das, was im Anfange der folgenden Tirade gesagt wird, vorausgenommen ist, sofern nämlich Fierabras in beiden Stücken sich bereit erklärt mit Olivier zu kämpfen: a 598—600 zu vergleichen mit 604—605 (P 994—995), 601—602 mit 606 (P 996). Der Zusatz giebt sich hier dadurch kund, dass einer seiner Verse durch den entsprechenden originalen aufgehoben wird. Denn wenn im Zusatz a 602 Fierabras sagt, dass er sich rüsten werde, im originalen Vers a 606 (P 996) aber verlangt, dass ihn Olivier waffnen solle, so lässt der Dichter ihn sich selbst widersprechen.

Aus dem Tiradenanhängsel a 632—637 mit der häufigen, schon aus dem Rolandslied bekannten Wendung:

Se il (Fierbras) vausist Diu croire et de cuer aourer,
On ne le péust pas el siecle recouvrer

(vgl. a 576—577, 582—583) geht vielleicht hervor, dass der Redactor y ein Sänger war, denn er tritt hier aus der Erzählung heraus und wendet sich in seiner Person an das Publicum (V. 633 „nun könnte ich euch wohl sagen und als wahr versichern" sagt er). Aehnliche Zusätze finden sich auch weiterhin noch; sie gehören einem Schreiber wohl nicht an.

Ueber den beschreibenden Zusatz a 675—683 ist oben p. 24 gesprochen worden.

a 687—691 ist Redeverlängerung. Diese Verse sind der früheren analogen Stelle a 467—469, 484—486 fast wörtlich entlehnt; a 689 ist speciell E nach 467:

a   689 *Grant caup me vien donner, ne soie deportés;*
E nach 467 *Gran cop me uien donner, n'i soie deportes.*

Ebenfalls Erweiterung einer Rede, eines Gebetes des durch Fierabras verwundeten Olivier, sind die Verse a 1179—1193. Olivier spricht darin von der Geburt Christi zu Bethlehem, von dem Stern, von den Hirten, von Herodes und dem Kindermord und von Christi 32jähriger Wanderung auf der Erde (a 1169—1178 P 1431—1441). Während nun hier P 1141 chronologisch fortfahrend den Verrath des Judas an Christus etc. erzählt, springt

y in dem Zusatz **a** 1179—1193 plötzlich über auf die Schöpfung
von Adam und Eva, auf das Paradies, den Sündenfall (— **a** 1185)
und schwenkt danach wieder ab zur Heilung des Marcus, und
dessen Verfluchung (— **a** 1193). Nach dieser Unterbrechung
beginnt wieder die Uebereinstimmung zwischen **a E** und **P.**
Die Erzählung von Adam etc. ist aus dem früheren Gebet
Oliviers, **a** 950 ff., wo sie sich an passenderer Stelle befindet,
entlehnt worden: **a** 1179 = 920, 1180 = 921, 1182 = 922,
1183 = 923, 1184 = 924, 1185 für 926—929; was von
Marcus gesagt wird, ist eigner Zusatz von **y.** Ein Gebet mit
der Geschichte Christi erlaubte natürlich viele Ergänzungen und
so hat auch **E** in dem ersten Gebete Oliviers 8 Verse nach
a 932, die der Maria, dem Salomon und der Ankunft Christi
gewidmet sind, eingeschaltet. Es sei hier auf ein wesentlich
gleiches Gebet in Parise la duchesse[63]) V. 806—821 hingewiesen. — Uebrigens weicht das 2. Gebet im Fierabras in
a E und **P** auch sonst noch mehrfach ab.

a 1730—1744 ist Tiradenanhang, durch welchen ein in der
folgenden Tirade erzählter Kampf erweitert wird. **P** schliesst
die der Kampferzählung vorausgehende Tirade mit dem

V. 1834 *e si s pres a plurar car perdia sos amis.*

Karl weint darüber, dass Olivier und 4 andre Barone von den
Heiden gefangen fortgeführt worden. **y** hat diesen Vers geändert:

a 1729 *Il escrie Franchois fierement à haut cris*

worauf natürlich Worte Karls folgen müssen: **a** 1730, 1731,
worin er seine Barone auffordert den Gefangenen zu Hülfe zu
eilen. Daran schliesst sich nun die weitere Hinzufügung
a 1731—1744: Die Franzosen jagen den Heiden nach, der
Kampf beginnt, Roland tödtet, wen er trifft, die Heiden fliehen;
obgleich besiegt, führen sie die Gefangenen mit sich fort; die
Franzosen spornen ihnen nach, d. h. die Verfolgung beginnt
noch einmal, und d. h. der Nachdichter ist auf seinen Ausgangspunkt zurückgekehrt. Denn auch die Verse **a** 1745—1747
(**P** 1835—1836) greifen auf das provenzalische Tiradenende
1828—1832 = **a** 1723—1727 zurück, schliessen sich aber

---

63) p. p. Guessard et Larchey in Anciens poétes de la Fr., Paris 1860.

4*

keineswegs an den Zusatz an. Mit V. a 1748 = P 1837 beginnt somit erst eigentlich die Verfolgung, die nun nicht von Karl befohlen, sondern aus eignem Antriebe von den französischen Rittern unternommen wird. Sie enthält (a 1749 ff., P 1838 ff.) erst eigentliche Details.

Der Schönheit der Floripar, Fierabras' Schwester, widmet y noch die Verse a 2012—2018 und a 2026—2041; das Lob, welches der Floripar wegen ihrer Schönheit in x (P 2021 ff.) gespendet ist, mochte zu allgemein scheinen, es werden daher im Besonderen noch Nase, Stirn, Auge, Hüfte und ihr Gewand, das von einer Fee gemacht ist (a 2012—2018), sodann Strümpfe und Schuhe und der mit einem singlatum befestigte Mantel gelobt, der gearbeitet worden ist von „einer Fee auf der Insel Corcoil (Colchis), von der man viel gesprochen hat, woher Jason das Vliess aus feinem Gold (a 2033 *l'ocoison* vorlesen für das richtige E *la toisson*) holte, wie die Gelehrten sagen." Zuletzt erhalten noch „*mameletes*" und Haar lobende Prädicate (a 2026—2041).

Zwei eingeschobene Stellen enthalten Anspielungen auf andre chansons de geste. Zunächst a 2074—2079. Brutamont, welcher die 5 gefangenen französischen Barone im Kerker zu bewachen hat, weigert sich, Floripar mit den Gefangenen sprechen zu lassen, denn „oft sieht man durch eine Frau grosses Unheil entstehen" (a 2073, P 2059). Zum Beleg für diesen Satz, mit dem es in P sein Bewenden hat, führt Brutamont an, dass „er sich noch wohl des Aymer erinnere (a 2074; E ergänzt, was a nach 2074 wahrscheinlich ausgelassen: den Sortamunde aus dem Kerker holen und mit seinen Genossen im Zimmer wappnen liess), der den Aufage (?) tödtete; seine Frau liess sich taufen und Aymer heirathete sie" (a 2075—2078). Mit a 2079 geht dann y auf den Vers 2073 zurück, nachdem der Einschub erfolgte. Die andere Anspielung a 2735—2738 bezieht sich nach Gaston Paris auf ein Gedicht, in dem Karls Aufenthalt bei Galafre erzählt wurde.[64] Ebenfalls um zu beweisen, dass man den Frauen nicht trauen dürfe, führt Sortinbrans ein Beispiel an, das x noch nicht enthielt: Girart von Milon (nach der Handschrift a jedoch Karl)

---

64) Gaston Paris, hist. poét. p. 231 ff.

erzogen und zum Ritter geschlagen (Gaston Paris [s. Anmkg.[64])]
vermuthet in V. 2736 statt *qui tant nori Girart: que tant nori
Galafri*, so dass es nun heisst: Karl von Galafre erzogen)[65])
nahm ihm seine Tochter Galiene und beraubte das Kind des
Garsile seines Erbes.[66])

Der Tiradenanhang **a** 3004—3042 führt aus, wie der in
den Graben aus dem Palais herab springende Balan in Ohnmacht
fällt, seine Mannen ruft, deren einer ihn (**E** nach 3009) heraus-
zieht (in **P** geschieht dies ohne Weiteres sogleich nach dem
Sprunge 2743) und mit dem er dann beschliesst am andern
Tage einen Angriff auf die im Palais befindlichen 12 Pairs zu
machen. Am Morgen versammelt Balan seine Truppen. —
Dadurch, dass nun der Angriff nicht sofort, nachdem die Pairs
das Palais eingenommen haben, erfolgt, wie in **P**, wurden in **y**
weiterhin Aenderungen nöthig, z. B. die des Verses

P 2753 „*senher*" so *dis le layre*, „*ades a la vesprada*
zu **a** 3054 *Sire, ce dist li lerres, lai venir la vesprée*
die Hinzufügung des Verses

a 3058 *Li jours vait à declin, si revint la vesprée* etc.

Nicht genau im Einklang geblieben mit der Vorlage ist
aber **y**, wenn Balan **a** 3029 sagt: Die Franzosen, die das Palais
eingenommen, werden es verlassen, da sie nicht Lebensmittel für
den vierten Theil des Tages darin haben: denn bald darauf werden
a 3053, **P** 2752 demselben Balan die Worte in den Mund
gelegt: so lange als sie den Gürtel (der Gürtel der Floripar
zaubert Lebensmittel herbei) haben, kann der Thurm (neben
dem Palais; beides haben die Pairs in ihrer Gewalt) nicht aus-
gehungert werden. Balan widerspricht sich also selbst.

Von der **P** ganz fehlenden Tirade **a** 4874—4912 macht
sich wenigstens V. 4874—4899 als Vorschub kenntlich. Im
Vorausgehenden ist erzählt worden: Richard hat sich mit andern
Baronen den Eingang über die Brücke von Mautrible, die über
den Fluss **Flagot** geht, verschafft. Hinter den Eintretenden

---

65) Es muss bemerkt werden, dass diese Vermuthung durch die
E-Handschrift nicht bestätigt wird, und also y in a erhalten ist.

66) Der Werth derartiger Anspielungen für Chronologie der chansons
de geste ist, da sie nicht in den Originalen gestanden zu haben brauchen,
nur bedingt; hier treten sie erst in einer Redaction auf.

hat der riesige Golafre, der die Aufsicht über diese Brücke führt,
dieselbe aufgezogen und so die Barone gefangen. Renier streckt
durch einen Steinwurf den gefährlichen Riesen zu Boden und
zerschlägt ihm die Beine. Dann lässt Richard die Brücke herab
und 500 vor der Brücke stehende Barone erhalten Eintritt, denen
alsbald auch Karl mit dem Heere nachfolgt (— a 4862, P 4110).
Die Heiden, die indessen aus Mautrible herbeigeeilt sind, weichen
vor Karl bis zu den Gräben und der Brücke, die über dieselben geschlagen ist (also eine zweite Brücke) zurück
(— a 4873, P 4116). — In dem Vorschub a 4874 ff. heisst es
nun weiter: Karl passirte die Brücke, — aber nicht, wie man
meinen könnte, die über die Gräben, vor der er sich (a 4864 ff.)
bereits befand, sondern die über den Flagot, die er schon längst
(P 4107, 4112—4114) passirt haben musste, um mit den Heiden
kämpfen zu können (P 4114) —: denn bei dieser liegt ja der
Agolafre (Golafre) mit zerschlagenen Beinen, den Karl sieht
(a 4878) und der noch mit seiner Keule 30 Mann erschlägt,
wofür er dann gesteinigt und in den Flagot geworfen wird
(a 4886). Karl hat also zweimal dieselbe Brücke passirt. Auf
diesen Zurückgriff, der in einen früheren Moment der schon
weiter vorgeschrittenen Handlung versetzt, heisst es dann plötzlich:
zwischen Brücke und Stadt (nur die Brücke über die Gräben
kann noch gemeint sein) haben sie (die Franzosen) die Schutz-
werke (baile) erobert (a 4887). 2 Tage lang wehren 50000
Heiden den Angriff auf Mautrible ab (a 4899). — Die gestörte
Folge der Handlung, noch mehr aber die Erwähnung von 50000
Heiden — denn nach P 3961 befinden sich nur 10000 in Mautrible erweisen die Verse a 4874—4899 als Zusatz. — Dagegen
muss der Rest der Tirade, welcher die genannten Verse angehören, in x gestanden haben und von P übersehen worden sein,
da in a 4902, 4903 von der Riesin gesprochen wird, von der
P 4200 als von einer bekannten Person redet, ohne ihrer jedoch
vorher, wie hier a, gedacht zu haben. Es hätten somit in x die
Verse a 4900—4912 eine eigne Tirade gebildet, deren Anschluss
an a 4873 keine Schwierigkeit hat. Dann aber erklärt sich leicht,
wie P die Verse 4900—4912 übersehen konnte. Zwei auf-
einanderfolgende Tiraden beginnen, wie sich zeigt, mit den näm-

lichen Worten a 4900 und 4913 *A la porte est venus*; so hat vielleicht die von P übersehene Tirade in x auch, entsprechend der Redaction y, denselben Anfang wie die Tirade P 4117—4122 (= a 4913—4922): *Ab tan vec vos punhen* etc. gehabt, und P wird von a 4900 nach 4913 abgeirrt sein. Ein solches Verfahren ist an sich begreiflich; es scheint auch dem Schreiber der E-Handschrift vielfach passirt zu sein (s. p. 34). Ein Bedenken gegen die Treue der provenzalischen Uebersetzung (s. p. 34) lässt daher auf diese Stelle sich nicht gründen.

Mit a 5871—5872 deutet y entweder auf ein Gedicht, das sich an den Fierabras angeschlossen hat, oder es wird wenigstens der Stoff zu einem solchen darin zurechtgelegt. „Sogleich nach dem Kampfe zwischen den Heeren Karls und Balans begiebt sich Corsable de Valnuble zu dem König von Cappadocien um ihm zu erzählen, dass Balan von Karl gefangen worden ist. Corsable führte 100000 Türken gegen Gui de Borgoigne (der am Ende des Fierabras mit Fierabras zum Könige über das Land des Balan gemacht worden ist), zerstörte und verwüstete 7 Monate sein Land und verwundete ihn selbst. Karl leistete ihm jedoch Hülfe." Die chanson de geste von Gui de Borgoigne hat mit dem hier Angedeuteten nichts gemein. Anderweitigen Anspielungen, aus denen die Existenz eines Gedichtes über diesen Gegenstand sich erweisen liesse, sind wir nicht begegnet.

a 6074—6081 und a 6091—6100 stellen dar, wie die Echtheit der aus Rom hinweggetragenen Reliquien erprobt wird. Während P 4976 und 4985 nur sagt, dass eine Erprobung der Echtheit dieser Reliquien durch Turpin erfolgt, erzählt y ein Wunder, das die Echtheit derselben erweist: sie schweben frei in der Luft. Dasselbe Wunder erzählt auch die „Voyage de Charlemagne à Jérusalem" etc., und es findet sich in den davon handelnden Capiteln des Pseudoturpin und den Chroniques de St. Denis sur les gestes de Charlemagne, die hier auf den Pseudoturpin zurückgehen.[67] — Ebendaselbst ist auch das „Wunder vom schwebenden Handschuh mit den Dornen der Dornenkrone" dargestellt, dem y den Tiradenanhang a 6107—6123 widmet,

---

67) Dom Bouquet, recueil des hist. franç. tom V. 269 ff.

das **P** aber mit Schweigen übergeht. „Karl hat die Dornen in seinem Handschuhe gesammelt; diesen will er einem nahestehenden Ritter geben, der ihn einstweilen halten soll; dieser empfängt ihn jedoch nicht, da er Karl's Aufforderung dazu nicht gehört hat, und so bleibt der Handschuh in der Luft schweben solange als ein Mann eine Meile weit gehen kann." Dass die Verse a 6107—6123 angeschoben sind, geht aus a 6105—6106, **P** 4999 hervor, wo es heisst, dass Karl die Reliquien in seinen Koffer hat einschliessen lassen. Der Anschub nöthigt jedoch die Dornen und die Dornenkrone als nicht eingeschlossen zu betrachten, obwohl a 6105 involvirt, dass sie mit den übrigen Reliquien eingeschlossen worden sind. Die nachträgliche Restriction kann nicht ursprünglich sein. Der Dichter müsste sonst, ohne seine Erfindungen vorher zu gruppiren und ohne Zusammengehöriges zu überschauen, augenblicklichen Einfällen gefolgt sein, und nicht Rücksicht darauf genommen haben, ob dieselben nicht im Widerspruch miteinander stehen. — Nach dem Anschub beginnt **y** mit a 6124 eine neue Tirade in *ier*, während **P** die von **y** verlängerte Tirade mit gleichem Reime fortführt; daher stimmen die 2 Hemistiche der V. **P** 5000—5028 und a 6124—6156 wenig überein.

Dies sind aus zahlreichen Zusätzen grösserer Stücke nur wenige. Sie sollen offenbar meist bessern, verschönern und ergänzen. Der Nachdichter richtete bei der Ueberarbeitung seinen Blick aber nicht auf das Ganze und die Einheit des Gedichtes; er verweilte bei dem Einzelnen und daher kam es, dass er selbst repetirte und variirte, wenn er bessern zu können glaubte; die untergelaufenen Widersprüche, deren wir mehrere gezeigt haben, haben aber eben in dem Vergessen oder Nichtbeachten der ursprünglichen Conception ihren natürlichen Grund und sind rein zufällig. — Hieraus geht für die chansons de geste überhaupt wenigstens soviel hervor, dass Repetitionen und Varianten **nichts Ursprüngliches zu sein brauchen, dass** den **y**-Varianten des Fierabras ähnliche Varianten in anderen chansons de geste keinem künstlerischen Zwecke dienen und also keine poetische Verzierung sind, als welche sie von unserm heutigen Geschmacke nicht empfunden werden und von dem einstmaligen Publicum der chansons de geste wohl auch kaum empfunden worden siud, dass sie weit eher ein mit ihnen ausgestattetes Gedicht als Ueberarbeitung documentiren, deren Urheber conservativ genug war, das Alte neben seinen Zuthaten bestehen zu lassen, als mit den variantenlosen Theilen von einem und demselben Dichter stammen.

Die erweiternde Nachdichtung erlaubt sich aber selbst 5) den Einschub ganzer Tiraden, mit denen bisweilen auch ein Anhängsel an die vorausgehende Tirade oder ein Vorschub vor die folgende in Verbindung steht. Auch die Combination von Tiradenanhängsel, Tirade und Tiradenvorschub findet Statt. Diese Erweiterungen haben denselben Character wie die „grösseren Stücke", doch mussten wir sie ihrer formellen Verschiedenheit wegen von jenen gesondert aufführen.

Tiradenanhang a 555—563, Tirade a 564—577. Beide Zusätze dienen der Erweiterung der Wechselrede zwischen Olivier und Fierabras; sie bewegen sich in denselben Phrasen wie die vorausgehenden Reden zwischen Olivier und Fierabras. Der einzige Fortschritt der Handlung, den y in diesen Zusätzen bietet, liegt in a 574: Fierabras, der bis dahin sich von Olivier nicht bewegen liess aufzustehen, springt nun auf. Das hat er jedoch in P schon V. 963 gethan: *Ferabras etc. si levet ab aytan*, wo y ihn gerade im Gegentheil sitzen bleiben lässt: a 538 *Fierabras etc. s'estut en son séant;* y musste also das Aufstehen des Fierabras nun an einer späteren Stelle (a 574) erzählen und so entstand die eingeschobene Tirade. Die letzten Verse derselben, in denen y nach seiner Abschweifung wieder zum Originale zurückkehrt, nehmen den Inhalt der folgenden Tirade voraus und so entsteht eine Repetition: a 575 vergleiche mit a 578—581, a 576—577 wörtlich fast: a 582—583. Störend stehen sich auch a 573—574 des Zusatzes und a 586 gegenüber: an der ersten Stelle glaubt Fierabras vor Zorn über Olivier den Verstand zu verlieren und ist wüthender als ein Eber, an der letzteren sagt er: er habe grosses Mitleid mit Olivier. Es liegt nichts zwischen diesen beiden Stellen, was diesen Umschlag in der Gesinnung des Fierabras vermitteln könnte. P dagegen ist, da ihm die erste Stelle fehlt, ohne Anstoss und sich selbst treu.

Tirade a 1058—1083; 1058—1076 ist erweiternde Erzählung und Variante zu a 1054—1057, den letzten Versen der
vorausgehenden Tirade. In diesen sichert Fierabras dem Olivier
zu, er werde es theuer bezahlen, dass er ihm die Balsam-
flaschen in das Wasser versenkt habe; in der Variante droht er
ihm dasselbe (a 1072—1074) an, nachdem er ihn noch vorher
gefragt, warum er die Flaschen in das Wasser geworfen habe
und ihm Auskunft von Olivier geworden ist (a 1058—1069).
a 1078—1083 ist Vorausnahme des Anfangs der folgenden Tirade,
wenigstens zum Theil: a 1079 = 1084 (P 1355), 1081 (wo
das unverständliche *sor ne se*, entweder von den Herausgebern
verlesen oder von a verschrieben, statt *son escu*) = 1085 (P 1356).
Insofern nämlich liegt in diesen Versen eine Vorausnahme, als
a 1079 = 1084 nicht als zweimalige Handlung zu denken ist.
Tirade a 1252—1270 reisst eine ursprüngliche Tirade mitten
aus einander; sie ist zwischen die P-Verse 1469 und 1470 eingeschoben, die eigentlich ganz eng zusammenhängen: nach Oliviers Drohung gegen Fierabras in Vers 1468—1469 erfährt
man sogleich in 1470 ff. die Wirkung, welche diese Drohung
auf Fierabras ausübt. Die eingeschobene Tirade a 1252—1270
erzählt nichts als einen neuen Gang Oliviers und Fierabras, wobei
das *nasal* am Helme Oliviers abgehauen wird (a 1260). Aber
da y hiernach doch auf den Vers P 1470 = a 1271 einlenken
muss, so muss er am Ende der eingeschobenen Tirade etwas auf
denselben Bezügliches und daher wenigstens dem Schlusse seiner
vorausgehenden Tirade a 1250—1251 Analoges sagen, und das
ist sowohl eine Drohung als ein Witz (a 1266—1270), der
denn auch die Aenderung des Verses

P 1470 *lo paya d'Alichandre au que fo menasatz*

in a 1271 *Li paiens d'Alixandre ot qu'il fu ranponés*
veranlasste.

Tirade a 1894—1905 trennt zwei auf einander folgende
Tiraden in *és (atz)*. Mit

a 1894 *Quant l'amirans Balans entendi la nouvele*
greift y auf

a 1886 *Quant l'amirans l'entent, à tere ciet pasmés*
zurück und obgleich laut diesem Verse a 1894 Balan die Nachricht

gehört hat, dass sein Sohn Fierabras von Olivier besiegt worden ist und sich . Karl ergeben hat (a 1880 ff.), so will er in der eingeschobenen Tirade a 1900 noch einmal wissen, wo sein Sohn Fierabras ist und andre seiner Grossen (a 1898—1899); die Antwort auf seine Frage legt er selbst in die Worte des Verses a 1902. Wie schon in der vorigen Tirade (a 1886—1887), so fällt er auch nach der selbstgegebenen Antwort ohnmächtig hin (a 1903—1904). Die Handlung ist daher keinen Schritt vorwärtsgekommen.

Tiradenanhang a 2147—2160, Tirade 2161—2171. Diese Verse sind der Schönheit des Zimmers gewidmet, in welches Floripar die gefangenen französischen Ritter führt. P 2123 hat dafür nur das schlichte Prädicat: ric, y erfasst jedoch sofort bei der ersten Erwähnung dieses Zimmers die Gelegenheit es mit aller wunderbaren Pracht auszustatten, so dass er gar nicht einmal Zeit findet zu sagen, dass die Ritter eingetreten sind, wie P 2122. Aber mit welchem Pinsel weiss er auch zu malen: Sternenhimmel, Sommer und Winter, Mond und Sonne, Wälder, Land, Hügel, Vögel, Raubthiere und Schlangen findet man darin gemalt; aber Matuselé setzte auch seinen ganzen Ruhm hinein es zu bauen; er starb vor Schmerz von Naamans besiegt (— a 2160). Von Lage und Inhalt des Zimmers, von der Blume Mandegloire, die, ausser dem Tod, alle Uebel heilt, handeln a 2161—2167. Im Zimmer befinden sich: Signagloire, Galote, die Mutter des Königs Floire und drei Töchter des Admiral Sydoire (a 2168—2171). — Hiermit greift y schon in die folgende Tirade über, denn a 2176 wird die Anwesenheit der maistresse Morabunde, wie 2168 die der maistre Signagloire erwähnt und a 2175 theilt mit 2168 gleichen Versanfang.

Tiradenanhang a 2276—2301, Tirade 2302—2308, Tiradenvorschub 2309—2321. In P heisst Karl (2200—2210) Roland mit 6 Grafen an Balan eine Botschaft ausrichten: es sollen die gefangenen Franzosen und die Reliquien zurückgefordert werden. Die Namen der 6 Grafen werden hier nicht genannt; welche es sind, erfährt man aber P 2429 ff., a 2570 ff. y hat die sofortige Nennung von Rolands Begleitern für nöthig erachtet und hier eine breitere Darstellung von der Absendung der Botschaft

gegeben, die noch andere Abweichungen von **x** mit sich führt.
So befiehlt Karl zunächst Roland allein und zur Strafe die Botschaft auszurichten (a 2263—2275), feig (wie er in **P** nie erscheint) bittet Roland um Gnade (a 2276—2277). Als nun auch Naimes für ihn bittet (a 2278—2280) herrscht ihn Karl an mit einem

> a 2281 *Avoec irés* . , .
> 2282 *Or i serés vous II qui mes briés porterés.*

Nach Naimes stellt Basin (a 2283—2287) Karl die Gefährlichkeit der Botschaft vor, und ebenso Tierris (a 2290—2294), Ogier (a 2297—2299), Richart (a 2302—2305), die alle mit denselben Worten wie a 2281—2282 (a 2288—2289, 2295—2296, 2301—2302, 2306—2308) angefahren und als 2. 3. 4. 5. 6. zur Botschaft bestimmt werden. Endlich muss sich auch noch Gui, blos weil er Karls Cousin ist (a 2310—2311) gefallen lassen, als 7. Mann der Botschaft beigegeben zu werden. Und er nimmt nicht ohne Grund die letzte Stelle ein, denn **y** hat diesen ganzen Einschub nach **P** 2210 gemacht, im nächsten Verse 2211 aber interpellirt Gui Karl: *„senher" dis lo coms Guis, „aucioure nos faratz"*, der provenzalischen Fassung nach für alle Grafen, nach a 2320 nur für sich: *„sire, ce dist quens Guis, afoler me rolés"*, und mit diesem Verse schliesst sich **y** wieder an seine Vorlage an; übereinstimmend mit **P**. Der ganze Einschub ist lästig stereotyp und phrasenhaft. Der Nachdichter hat keinen Sinn mehr für Heldengrösse, die in vielen echten Theilen des Fierabras und besonders in der provenzalischen Uebersetzung noch zu Tage tritt. Karl erscheint in dem Einschub launisch und tyrannisch, seine Helden feige und alltäglich. Ein Seitenstück hierzu bildet die eingeschobene

Tirade a 2640—2658. 4 Grafen haben ihre Botschaft Balan vorgetragen und haben jedesmal von Neuem dessen Grimm wachgerufen. Da lässt ihn plötzlich (in der eingeschobenen Tirade) der Nachdichter aus der Rolle fallen und einen jovialen Ton anschlagen. Er fragt Tierris, was Karl für ein Mann sei und von welcher Ritterlichkeit und *d'acointement de dames pour avoir druerie* (a 2640—2642). Darauf erhält er die stark niedrig komische Antwort: Karl ist ein wackerer Mann, wäre er hier, so würde er Dir mit der Faust eins hinter das Gehör gegeben haben; Du und Deine Götter gelten ihm nicht einen faulen Apfel (— a 2647). Der Admiral Balan lacht boshaft hierüber und droht nach einer boshaften Frage (a 2648—2652) dem Tierris dasselbe an (a 2653—2658) wie in P 2494—2496, vor welchen Versen **y** seine Tirade einschob. — Niedrig komisch ist zum grossen Theil auch der Inhalt des Tiradenanhangs a 2896—2906 und der Tirade a 2907—2947, welche **y** eingeschoben hat. In dem Tiradenanhange verwendet **y** ein paar Verse aus der chanson de Roland, nämlich a 2899—2901 == chanson de Rol. [Müller [68])] V. 111—113, womit Naimes die Frage des Heiden Lucafer, was für Leute die in Frankreich seien und wie sie lebten, beantwortet:

a 2899 *Lors va esbanoier pour son cors deporter*
E li un escremissent et salent par ces prés
Li pluiseur vont as tables et as esciés juer.

Rol. 111 *As tables juent pur els esbaneier,*
Et as eschexs li plus saive e li veill,
Et escremissent cil bacheler leger.

In der eingeschobenen Tirade sagt danach Lucafer, dass die Franzosen nicht zu spielen wüssten, wenn sie das Kohlenblasen nicht verständen. Naimes, obgleich ihm vom Lucafer, a 2882— 2883, P 2695—2696, ein schwerer Schimpf angethan worden ist, den er auch in P 2704 ff. alsbald rächt, gesteht hier gutmüthig seine Unwissenheit ein und Roland verlangt, dass man beide das Spiel ungestört spielen lasse. Lucafer beginnt es; es besteht darin, von einem glühenden Holze Funken wegzublasen. Naimes muss es dem Lucafer nachmachen, er bläst ihm die Funken aber in den Bart und ins Gesicht, und als Lucafer ausholt zu schlagen, trifft Naimes ihn mit dem Holze so, dass er ihm das Rückgrad zerbricht, die Augen ins Feuer fliegen und der Körper auf den Heerd stürzt. Roland sagt scherzend, Naimes verstehe gut zu spielen, und Floripar: Lucafer liebe das Feuer, nun könne er sich wärmen und brauche nicht aufzustehen; dann umarmt sie Naimes, der sie von ihrem vom Vater bestimmten

---

68) La chanson de Roland, hrsg. von Th. Müller, Götting. 1863.

Bräutigam befreit habe. — Da **y** den Lucafer auf diese Weise sterben lässt, so fehlen in **a** (**E**) auch die Verse **P** 2704—2710, nach welchen Lucafer den Tod in anderer Weise erleidet. Tirade **a** 3899—3921 nach **P** 3431 eingeschoben. Sie unterbricht den engen Zusammenhang des **P** und variirt den Anfang der folgenden Tirade. Schon die gleichlautenden Anfangsverse der eingeschobenen Tirade **a** 3899—3900 und der folgenden echten Tirade **a** 3922—3923 (**P** 3432—3433), die ihren Ausgangspunkt von demselben Ereigniss nehmen, erweisen **a** 3899—3921 als Zusatz. Die Variante desselben liegt in den Versen **a** 3903—3907, in welchen Richard vorschlägt, an Karl eine Botschaft um Hülfe abzusenden = **a** 3936—3940, wo Tierris denselben Vorschlag macht, der in der eingeschobenen Tirade von Naimes (**a** 3908—3913), von Floripar (**a** 3914—3918), die vielmehr mit den 5 pucieles, die sich bei den Franzosen befinden, sich zu vergnügen empfiehlt, und von Roland (**a** 3919—3920), abgewiesen wird; in der echten Tirade wird derselbe Vorschlag aber alsbald, ohne dass ein neues Motiv dazu vorläge, angenommen (**a** 3941 ff.).

Tirade **a** 3995—4011, Tiradenvorschub **a** 4012—4016. In der vorausgehenden Tirade hat Richart, der die Botschaft an Karl übernommen hat, den Plan dargelegt, nach dem er sie ausführen will (**P** 3483 ff. **a** 3986 ff.). In **P** erfolgt die Ausführung unmittelbar (**P** 3493 ff). Die beiden Einschübe haben aber den Zweck, von Hindernissen zu erzählen, durch die Richarts Plan lange Zeit verschoben wird. 1000 Heiden wachen Tag und Nacht vor dem Thurm, so dass an einen Ausfall, der zum Plane Richarts gehört, nicht zu denken ist (— **a** 4011); 2 Monate dauert der Verzug (— **a** 4016). Durch diesen Zusatz entsteht zunächst eine Repetition: **a** 3996—3998 = **a** 3992, 3999 = 3993, dann aber auch ein Widerspruch gegen das, was in **x** wohl angelegt und berechnet war. Nach **a** 3674 (**P** 3257) werden die im Thurm eingeschlossenen Franzosen 2 Monate lang keinen Mangel an Lebensmitteln haben. Zur Zeit, als Richart nach **a** den Thurm verlässt, um die Botschaft auszurichten, müsste also der Mangel beginnen und die gefangenen Franzosen müssten von da an Hunger und Durst über 2 Monate zu ertragen verstehen,

denn erst nach dieser Zeit [vergl. a 4795 (P 4050), a 5079
(P 4227), a 5091—5095 (P 4239—4241)] werden sie von Karl
aus dem Thurme befreit. Weiterhin widerspricht auch der Verzug von 2 Monaten in y's Zusatz dem Verse a 4782 (P 4038),
nach welchem zwischen der Ankunft der 7 Gesandten Karl's bei
Balan und Karl's Erscheinen vor Mautrible nur wenige Tage liegen:

a 4782: *Mais par ici passerent l'autr'ier VII glouton,*

wenn anders *autr'ier* nicht von 2 Monaten verstanden werden
kann.

Die eingeschobene Tirade a 4250—4261 variirt in a 4250—
4253 die vorausgehenden Verse a 4246—4249, a 4260 lässt
a 4262 als Repetition erscheinen. In den übrigen Versen a
4254—4259 lobt Olivier den einer Gefahr entronnenen Richart
und die gefangenen Grafen freuen sich über Richart's Entkommen.

Die eingeschobene Tirade a 5173—5194 endlich enthält
einen erfolglosen Angriff Balans auf den Thurm, in dem sich
die gefangenen Franzosen befinden und ist characterisirt durch
einen Widerspruch: der a 5174 genannte Tempesté ist bereits
a 3585—3586 von Roland getödtet worden; und wenn der nun
schon 2 Mal getödtete Tempesté später (a 5305) nochmals auftritt — was in P nicht geschieht —, so sind auch die Verse
a 5305—5310 hinzugedichtet. —

Zur Genüge wird aus den hier besprochenen grösseren und
kleineren Zusätzen, ganzen Tiraden und Tiradentheilen, hervorgegangen sein, dass die Thätigkeit des Redactors von y äusser-
licher Natur war und der originale Text von ihm meist unangetastet geblieben ist; nur wo ein Ereigniss weiter ausgesponnen
werden konnte oder Raum für weiteres Detail war, machte er von
der Freiheit, die er dem Originale gegenüber hatte, Gebrauch.
Gewiss war es nicht der Verfasser von x, der sich in y etwa
selbst verbessert hätte, viel eher wohl ein Sänger (Jongleur), der
die Redaction x überkam und den Nichts zwang an x treu festzuhalten. Dass chansons de geste nicht blos von ihren Ver-
fassern, sondern, wie es bei vielen zweifellos ist, sogar mehrere
Generationen hindurch von Fremden vorgetragen wurden, geht

auch aus den Worten eines Sängers der „*bataille Loquifer*" des Jondeus de Brie[69]) hervor:

Ceste chanson est faite grant piece a;
Jondeus de Brie, qui les vers en trova,
Por la bonté si tres bien la garda,
Ains à nul home ne l'aprist n'enseigna:
5 *Mais grand avoir en ot et recovra*
Entor Sicile là où il conversa.
Quant il mourut a son fils la laissa.

worin Alles enthalten ist, was wir zur Unterstützung unserer Meinung nöthig haben. Nicht nur geht daraus hervor, dass nach dem Tode des Jondeus das Gedicht auf einen andern, seinen Sohn (7) überging und dass es üblich war, dass Dichter ihre Dichtungen Andere lehrten (4), sondern auch, dass mit dem Uebergang derselben auf Andre Verderbnisse zu befürchten standen (denn „wegen der Güte" lehrte Jondeus sein Gedicht bei Lebzeiten Niemandem, V. 3—4). Auf solche Weise erklärt sich auch leicht die Entstehung der Redaction y des Fierabras und seine Verkümmerung. Der Nachsänger richtete sich das überkommene Gedicht nach seinem Geschmack und für sein Publikum ein, verwendete seine eigenen Einfälle und nahm auch, wo es ihm gefiel, aus anderen chansons auf, was ihm zusagte. Dass das Original darunter litt, kümmerte ihn wenig — er hatte keine Pflicht der Pietät gegen dasselbe —, und das einzige Interesse, das er daran haben konnte, war gewiss nur die materiale Seite, die er weiter entwickelte, wobei aber die Form zu Grunde ging. — Wenn daher y, trotz aller Freiheit, die er sich x gegenüber nehmen konnte, nur äusserlich anfügte, und nur unbedeutend an x änderte, so that er dies gewiss nicht, weil er das Original erhalten wollte, sondern weil er, nachdem er den x zu Grunde liegenden, das ganze Gedicht durchdringenden Plan adoptirt hatte, die Entwickelung der Handlung nicht mehr abändern konnte. Er konnte wohl den Anfang des Gedichts auslassen, musste ihn aber durch eine Recapitulation seines Inhalts ersetzen, er konnte hinzudichten, nicht aber weg-

---

69) Man. Bibl. imp. 1448 Fol. 290 bei Gautier les épop. franç. I, 175.

lassen, was zur Handlung nothwendig gehörte. Daher ist in **y** so viel von **x** erhalten, daher ist aber auch keiner seiner Zusätze für die Handlung des Gedichts nothwendig, alles ist unwesentlich und zufällig; sie kennzeichnen sich vielfach als Varianten, sie enthalten Widersprüche, weil der Nachdichter nicht selten das Ganze aus den Augen liess, er war zu Repetitionen genötbigt, wenn er von seinen Disgressionen zum Originale zurückkehren und Verbindung unter beiden herstellen wollte.

Wir glauben nicht zu irren, wenn wir den drei Erscheinungen, der Variante, der Repetition und dem Widerspruche, deren Entstehung auf dem Wege der Neubearbeitung wir an der Redaction **y** des Fierabras erkannt haben, eine allgemeine Bedeutung beilegen und in ihnen Kriterien erkennen, an denen die Originalität oder Nichtoriginalität uns erhaltener chansons de geste überhaupt erprobt werden kann. Denn bei dem Mangel an individuellem Geist im Mittelalter, bei der weitreichenden Gemeinsamkeit des allen chansons de geste aufgedrückten Typus kann die Umarbeitung des Fierabras nach den dargelegten Gesichtspunkten keine vereinzelte Erscheinung gewesen sein; andere chansons de geste sind ihr ohne Zweifel gleichfalls ausgesetzt gewesen. Dann aber darf jede chanson de geste, in der Variante, Repetition und Widerspruch sichtbar werden, als Verunstaltung des Originals in Folge von Neubearbeitung gelten, und Untersuchungen müssen über die handschriftliche Ueberlieferung hinaus auf die Originale selbst gerichtet werden. Oder sollte in der That Jemand im Stande sein, sich ein befriedigendes Bild von der Thätigkeit eines Dichters zu machen, aus dessen Erfindung ein der Redaction **y** des Fierabras ähnliches Werk hervorgegangen wäre? Ein solcher Dichter müsste es zu einer wahren Virtuosität im verwirrten Denken gebracht haben, er müsste mit seiner eigenen Erfindung Spott treiben, wenn er durch wiederholte Darstellung derselben Sache Früheres aufhebt, oder wenn er Frühergesagtem direct widerspricht. Er sollte keine Freude an seinem Werke empfunden, keine Befriedigung durch möglichste Vervollkommnung seiner Dichtung gesucht haben, er hätte sogar durch Repetitionen und Varianten sein Werk zu verschönern geglaubt? Bieten doch ähnliche Werke der französischen Epik dergleichen Erscheinungen nicht dar, fehlt es doch nicht an Mitteln für ihre natürliche Erklärung! Wenn nun auch Um- und Ueberarbeitung von Originalen der chansons de geste in verschiedener Weise denkbar ist, so deuten doch Repetitionen, Varianten und Widersprüche von der Art, wie wir sie in der Redaction y des Fierabras gefunden haben, auf eine im Wesentlichen nur äusserliche Ueberarbeitung hin, unter welcher die Originale im Allgemeinen unangetastet blieben, so dass man hoffen kann, durch Ausscheidung dieser Elemente, wenn auch nicht zu einer vollständigen Reconstruction der Originale, so doch zu einer reineren Gestalt derselben zu gelangen. Einen hierauf gerichteten Versuch geben wir im Folgenden in Betreff der Redaction x des Fierabras, deren Copie die provenzalische Uebersetzung ist. Denn dass x nicht das Original des Fierabras ist, geht aus seiner der Redaction y analogen Beschaffenheit hervor; jeder Versuch x aus einem dichterischen Schaffen hervorgegangen zu denken, scheitert; vielfache Repetitionen, Varianten und Widersprüche characterisiren es aber als äusserliche Ueberarbeitung. Eine Variante bildet sogleich die zweite Tirade (P 30—46) zur ersten (P 1—29), Repetition P 47 ff. zu P 44—46 (V. 44 = 47, 46 = 54); von Widersprüchen sei nur beispielsweise auf folgende hingewiesen: P 1816—1821 (a 1705—1711) wird Corsuble von Roland getödtet, nach P 2472 (a 2614) und P 2784 (a 3612) war er aber schon von Richarts Hand (vor Rom) gefallen; P 358—362 erschlägt Olivier den filh Arapatis, P 1759 (E 1637) tritt der Todtgeschlagene wieder auf, um P 1769—1771 (a 1650—1652) nochmals durch Olivier zu sterben. Ebenso ersteht der P 512 erschlagene Tribue (französirt für Tribuetz, wie P 571) P 1689 vom Tode. Ein Widerspruch anderer Art ist es, wenn P 1932 Brustamon (a 1883 Brullans) den Namen des Ritters nicht weiss, der den Fierabras besiegt hat, P 1949 aber den richtigen Namen Olivier nennt, ohne dass er etwa an der ersten Stelle absichlich geschwiegen und hier zu reden gezwungen gewesen wäre (y hat den Widerspruch an der zweiten Stelle = a 1903 gehoben).

Solche Anstösse würden sich allerdings auch aus der Ansicht K. Lachmanns über den Fierabras erklären, der in einem

Briefe an Lehrs in Königsberg (aus den Jahren 1834—1836)
vom provenzalischen Fierabras sagt,[70]) dass in ihm verschiedene
Behandlungen desselben Gegenstandes in einander gearbeitet
seien, so dass also etwa Tirade um Tirade aus den mehreren
Gedichten alternirend auf einander folgten; nur dürfte dann nicht
eine Tirade des einen Gedichts auf eine des andern Bezug nehmen,
wie es z. B. in der Tirade **P** 641 ff. geschieht, durch welche
die vorausgehende Tirade variirt wird und deren V. 645 „õn
iest, Karles de Fransa? mot l'aut ay apelat (aut ay ist nämlich
zu schreiben für auray, was ohne Sinn; vgl. a 96) auf den
Vers 532 der variirten Tirade, wo ein solcher Ruf erfolgt ist,
zu beziehen ist. Hieraus leuchtet aber ein, dass aller Wahr-
scheinlichkeit nach die Redaction **x** des Fierabras nur eine Ueberarbeitung in der Weise der Redaction **y** ist, und darum dürfen
wir wohl mit einigem Vertrauen, an der Hand der in **y** gemachten
Beobachtungen zu dem Versuche, in **x** das Echte von dem Unechten zu scheiden, verschreiten. Weder diese Beobachtungen,
noch die an ein Original mit Recht zu stellende Forderung einheitlicher Vorstellbarkeit seines Inhalts können aber zur Erkenn-
ung alles Unechten, z. B. einzelner oder halber Verse etc., führen;
dies würde ohne Hülfe der provenzalischen Uebersetzung auch
in den Handschriften der Redaction **y** nicht möglich gewesen
sein. Und die Kritik, welche dem Originale nur das belassen
wollte, was in einem innern nothwendigen Zusammenhange steht,
würde zwar ein vielfach befriedigendes Werk aus **P** herstellen
können, nicht aber zur Erfassung des historisch Wirklichen führen.
Auch die Sprache des Gedichts bietet wegen ihrer durchgehenden
Formelhaftigkeit und der Vers wegen seiner geringen Variabilität
kein geeignetes Kriterium dar, um in jedem Falle Echtes und Un-
echtes erkennen zu lassen. Wir beschränken uns daher im Folgenden auf den Nachweis grösserer unechter Stücke in der Redaction
x des Fierabras, die jedenfalls auch die Hauptthätigkeit des Redactors von **x** ausmachten; auf Widersprüche werden wir dagegen
in jedem Falle aufmerksam machen, mögen sie sich in Varianten
finden oder nicht.

70) Friedländer, die homerische Kritik von Wolf bis Grote, Berlin 1853
pp. VIII, IX.

III.

Die grösseren Zusätze der Redaction x.

Tiradenanhang sind jedenfalls die Verse P 71—77. Es erscheint lächerlich, dass hier Roland und Olivier die Avantgarde machen sollen (71—73), wo gar kein Bedürfniss zu einer solchen vorliegt, denn das Heer gelangt alsbald ohne Hülfe der Avantgarde nach Morimonde (78) — wogegen am Tage der Gefahr allerdings eine Avantgarde dem Heere vorausgesandt wird, die aber nur aus Olivier besteht (197—200). Die Avantgarde Oliviers ist eine wohlbegründete und zweckvolle Erfindung, aus der ein grosser Theil der folgenden Handlung hervorwächst. Die Nothwendigkeit der zweiten Avantgarde hebt der Dichter an geeigneter Stelle auch selbst hervor, V. 192 ff. „Die Heiden bewachen die Wege" etc. Wenn ferner auf die bei dieser Gelegenheit von Karl ertheilte Mahnung „vorsichtig vorwärts zu gehen" (194—195), Olivier sich zur Avantgarde meldet, als wäre er an derselben nicht schon betheiligt, und Karl ihm die Führung derselben anvertraut (200), so erhält man den Eindruck, als wäre bisher von einer Avantgarde noch gar nicht die Rede gewesen. Hätte der Dichter nicht eher diese zweite Avantgarde vermehren müssen, da er eine wirkliche Gefahr im Sinne hat, als dass er die Avantgarde des ersten Tages vermindert, an dem sie als eine rein müssige Erwähnung erscheint? Mit V. 71—73 hängen die übrigen Verse des Tiradenendes V. 74—77 eng zusammen, und wenn jene Zusatz sind, müssen auch diese als Zusatz betrachtet werden.

V. 113—121 sind Tiradenanhang, V. 122—137 eine ein-

•

geschobene Tirade und ebenso V. 138—180 (wenn man sie
nicht als Tiradenvorschub betrachten will, was die folgende Tirade
181 ff., welche den Reim in *ier* fortführt, zulässt). In diesem
grossen Zusatze, der theils Varianten, theils ausführende Beschreibungen enthält, ist es in Folge mehrfacher Anstösse rein
unmöglich, das, was der Dichter darstellen will, sich zu versinn-
lichen. Bis V. 180 ist die Handlung soweit fortgeführt, dass
Fierabras, nachdem er V. 111—112 die Verwüstung seines
Landes durch Karls Heer gesehen, V. 175—178 unterhalb Morimonde 100,000 Heiden in einen Wald verborgen hat, welche
Karl, wenn er nahe genug herangerückt ist, überfallen sollen.
Mit

V. 218 *Ferabras d'Alichandre vic sa terra gastier* und
V. 234—235 *Ferabras d'Alichandre fo de mot gran fertat.*

sa terra vic mal meza e son pays gastat

führt jedoch der Dichter zurückgreifend die Erzählung von
Fierabras von den Versen

111—112 *devas Contastinoble s'es lo rey regardatz,*

e vic sos castels ars e pres et alucatz

weiter vorwärts, statt an V. 175—178 anzuknüpfen, und, als
wenn die 100,000 Heiden noch nicht in den Wald verborgen
worden wären, lässt Fierabras V. 238—239, aufs Neue, wie
man glauben muss, 50,000 Mann im Gehölz sich verbergen. Der
enge Anschluss der Verse 218 und 234—235 an 111—112 ver-
bietet jedoch das Verstecken der Heiden als eine zweimalige
Handlung zu denken, vielmehr heben V. 237—238 die Verse
175—178 auf. Es entsteht, die Verse 175—178 als echt betrachtet, der Widersinn, dass Fierabras von 60,000 Mann, 50,000
(238—239) aus dem Walde, wo er sich nach V. 177 befindet, in den
Wald (239) verlegt. Und wenn er V. 237 aus dem *vergier*
springt, so kann er doch nicht auch zugleich im Walde sein,
wie man sich nach V. 177 vorstellen muss, denn Wald und *vergier*
sind nicht dasselbe. — Der wirkungsvolle Zusammenhang im
Original, in welchem nach V. 112 die Verse 181 ff. und dann
217 ff. oder 234 ff. aufeinander folgten, ist in der Ueberarbeitung
aufgehoben. — Was die einzelnen Theile des längeren Zusatzes
betrifft, so ist der Tiradenanhang V. 113—121 nur eine Variante

zu den Versen 97—104. Die Folge davon ist, dass die Handlung auf V. 97

> *can l'enten Ferabras, anc no fon pus iratz*

zurückgeführt und daher die folgende eingeschobene Tirade 122—137 zum Theil wenigstens Variante wird, nämlich V. 122 = 97, 123 = 98—100, 124—125 = 101—102, 126—131 = 103—104. Wie V. 90—96 das Heranrücken Karls und die Verwüstung des Landes durch denselben dem Fierabras gemeldet wird, so nochmals durch eine andere Person in ähnlicher Weise 116—119. Beide Meldungen haben dieselbe Folge bei Fierabras, er wird beide Male erzürnt etc., schwört Karl Rache und befiehlt zu rüsten. Anstössig in der hinzugesetzten Tirade ist, dass Fierabras wissen will: Olivier befehlige das ganze Heer, was er nicht wissen kann, was aber noch weniger wahr ist. Unvereinbar mit einander sind aber folgende Verse der vorausgehenden Tirade mit der hinzugesetzten: V. 105, 107 ff. sitzt Fierabras bereits auf dem Pferde, V. 137 wird es ihm erst herbeigeführt (dass vom demselben Pferde die Rede ist, zeigt die übereinstimmende Beschreibung der Pferde V. 107 ff. und 171 ff., womit man noch V. 1369 ff., 1393 ff. vergleichen kann); seine Waffen hat er bereits V. 101 verlangt und da er danach fortreitet V. 105 ff., möchte man glauben, dass er sie erhalten hat; — V. 134—135 verlangt er sein Schwert, das wohl zu den geforderten Waffen gehörte; seinen Leuten hat er V. 102 befohlen zu rüsten und begiebt sich darauf mit 100,000 Mann vorwärts; — V. 125 ff. heisst er sie nochmals sich rüsten, nachdem er schon vorwärts gerückt ist. An den zweiten Befehl des Fierabras, dass man ihm sein Schwert bringe, hat der Ueberarbeiter x wahrscheinlich auch den folgenden Tiradenvorschub (oder Tirade) V. 138—180, speciell V. 138—174 angeschlossen, worin ausführlich die Rüstung des Fierabras beschrieben wird, obgleich derselbe mit der zugesetzten Tirade, in welcher Fierabras sein Schwert fordert, in Widerspruch zu stehen scheint. Denn V. 133 sagt der Dichter, von den Waffen (des Fierabras) werde er nicht mehr *(non diray pus)* Nachricht geben, und doch giebt er in der folgenden Tirade eine ausführliche Beschreibung davon! Der Widerspruch ist zu heben, wenn man statt *non diray* (V. 133) *vo-n (n*

pleonastisch nach *de la suas armas*) oder *vos diray* lesen darf,
wodurch sich sodann der Verfasser von V. 122—137 auch als
Verfasser von V. 138 ff. erklären würde, d. h. eben der Ueberarbeiter **x** hätte auch diesen Tiradenvorschub verfasst. Die ausführliche Beschreibung der Rüstung des Fierabras hat um so
weniger Sinn, als Fierabras an dem folgenden Kampfe gar nicht
und überhaupt erst am folgenden Tage an der Handlung Theil
nimmt; mit Bestimmtheit lässt sich aber sagen, dass hier ein
Zusatz vorliegt, weil dieser Theil des Tiradenvorschubs mit den
unechten Versen 175 ff. derselben Tirade in unauflösbarem Zusammenhange steht.

V. 201—204 scheinen Zusatz zu sein; V. 203—204 werden
in V. 208—209 variirt. —

Tirade 218—233 ist verdächtig wegen ihres mit V. 234—
235 der folgenden Tirade im Sinne gleichen Anfanges, und wegen
Unwahrscheinlichkeiten, die sie enthält. Ein Späher, den Fierabras
ausgesandt haben soll — man hat vorher davon nichts erfahren —,
soll wissen können, welche Absichten Karl verfolgt: Karl habe
gesagt (V. 226 ff.), dass er den Admiral schinden, auf einem
grossen Feuer verbrennen und hängen lassen wolle, sodann wolle
er die Reliquien haben, und den Gott Mahomed zerschlagen. —
Wenn Karl in der That, wie V. 225 sagt, jeden Sarazenen, der
ihm begegnet, niederhauen lässt, so fehlt doch dem Späher jede
Quelle für seine Nachricht, die er von irgend Jemand vernom-
men haben muss — woher lässt ihn also der Dichter sie nehmen?
Die in **P** vorliegende Fassung des Fierabras, die ein Gemisch
von Unwahrscheinlichkeiten mit wohlberechneten Erfindungen ist,
scheint freilich des Bedenkens, welches uns V. 225 und 226 ff.
erregen, zu spotten; es ist jedoch berechtigt, wenn wir mit dem-
jenigen der verschiedenen Maassstäbe, nach welchen das Gedicht
beurtheilt sein will, an unsre Stelle herantreten, den die besseren
Theile desselben an sich anlegen lassen. — Dass auf die neue
Botschaft von Karls Feindseligkeiten nichts anderes folgte, als
ein abermaliger Zornesausbruch des Fierabras, der sich auf die
nämliche Weise äussert, wie oben, nämlich V. 230 = 97, 231
= 99, 232—233 = 100 oder 135—136, ist natürlich. — Die
eingeschobene Tirade, deren Inhalt mit dem Dargelegten erschöpft

ist, scheint fast den Zweck zu haben, den durch den längern
Einschub V. 113—180 gestörten Zusammenhang der Erzählung
wieder herstellen zu sollen. Denn eine V. 113 ff. oder 90 ff.
auffrischende Erzählung, als welche unsere eingeschobene Tirade
zu betrachten ist, konnte wohl geeignet sein, den weitern Fortschritt, den die Handlung durch den Zusatz der Verse 175 ff.
erfahren hatte, in Vergessenheit zu bringen und die Aufnahme
der Verse 234 ff. des Originals, die an V. 112 sich anschliessen,
ermöglichen.

Der Tiradenanhang 256—289, die eingeschobenen Tiraden
290—322, 323—367 und der Tiradenvorschub 368—386 führen
vielfache Verwirrung herbei. Erzählt wird in diesen Versen,
wie Olivier, nachdem er über Morimonde hergefallen und sich
der Habe bemächtigt hat, auf dem Rückwege von 60,000 Mann,
die er jedoch schlägt (256—289), und darauf von 50,000 Mann
unter Esclamar (290—386) überfallen wird, die er gleichfalls
zum Weichen bringt. Dass man sich unter dieser heidnischen
Mannschaft Leute des Fierabras zu denken hat, geht aus V. 317
hervor, wo Esclamar sagt, dass er nicht wolle von Fierabras
getadelt werden und also tapfer kämpfen werde. Da sich aber
oben p. 69 ff. gezeigt hat, dass Fierabras von 60,000 Mann nur
50,000 (V. 238—239) zum Ueberfalle der Franzosen bestimmt
hat, die früher angeführten 100,000 Mann aber in den Zusätzen
von x nur erwähnt werden, so stehen die genannten Zusätze,
in denen dem Olivier 110,000 Mann (wenn man V. 256, wo
60,000 Mann erwähnt werden, nach V. 285, wo von ihnen als
von 50,000 gesprochen wird, berichtigt, so kommt die richtige
Zahl von nur 100,000 Mann heraus) entgegentreten, mit jener
ersten Vorführung von 100,000 Mann in engster Verbindung —
sie sind das Werk desselben Ueberarbeiters. Erst nachdem diese
ungeheure Zahl Heiden von den 7000 Mann Oliviers überwunden
ist, treten die von Fierabras in dem Wald verborgenen 50,000
Mann auf (V. 387—388). x hat also mit Berechnung in den
ersten Zusätzen von 100,000 Mann erzählt, denn er verwendet
sie alsbald an geeigneter Stelle. Das Mindeste, was gegen
diesen grossen Zusatz (der Verse 256—386) angeführt werden
kann, ist, dass in dem Zusatze Oliviers Einfall nicht als blos

zufällig, wie er es ist (249 ff.), sondern als beabsichtigte Plünderung aufgefasst wird, durch welche dem Mangel an Vieh im Heere Karls abgeholfen werden könne (290—293). Ferner wird aber im ganzen übrigen Gedicht die Tapferkeit der Franzosen nicht in dem Maasse übertrieben, wie hier, wo sich 7000 Mann Franzosen gegen 100,000 Heiden behaupten. Auffällig ist auch, dass Esclamar, der die zuzweit erscheinenden 50,000 Mann führt (323—325), plötzlich auch unter den im Wald verborgenen 50,000 (414 ff.) erscheint, ohne dass man weiss, wie er zu diesen gelangt ist. Besser beweisen zwei spätere Stellen, in denen des Kampfes der Heiden mit Olivier gedacht wird, die Unechtheit der Verse 256—386. Einmal heisst es in dem Bericht, den Fierabras über den Kampf mit Olivier erhält (569 ff.), dass von 50,000 Heiden (die an diesem Kampfe Theil nahmen) nicht 10 entkommen seien (572), und von den gefallenen heidnischen Führern werden nur Esclamar, Tenas und Tribuatz (570—571) genannt, welche erst mit oder nach den 50,000 Mann des Hinterhalts auftreten, wogegen die vorher erschlagenen Amaravis (342), filh Arapatis (358), Comdrant und Opine (363) und Asserat (377) unerwähnt bleiben. Der Bericht weiss also nur von 50,000 Mann, denn, dass die Zahl 50,000 blos dazu dienen sollte, dem Fierabras die Berechnung seines Verlustes zu erleichtern, scheint nicht annehmbar. Der Artikel fehlt, wie hier vor der Zahl 50,000, so oft auch in solchen Fällen, wo von ganz bestimmten Dingen gesprochen wird (vgl. 386 *Sarrazi*, 384 *payas* etc.). Wir dürfen daher mit Recht schliessen, dass Olivier nur mit den 50,000 Heiden, die in dem Wald verborgen waren, kämpfte. Noch bestimmter geht dies aus der zweiten Stelle hervor, wo Roland vor Karl des Ueberfalls der Heiden gedenkt (666 ff.) und wo es geradezu heisst, dass die Zahl der Heiden 50,000 betrug:

666 *ier can payas nos vengro al destreyt dels fossatz —*
667 *l melia foro, lors vertz elmes lassatz —,*

eine Angabe, die jeden Zweifel ausschliesst. — Sind daher die von dem Kampfe der 100,000 Heiden handelnden Verse 256—386 unecht, so bläst Olivier, wie es natürlich ist, sogleich beim Anfange des Kampfes, nachdem die Heiden aus dem Hinterhalt

hervorbrechen, in sein Horn, um seiner Mannschaft das Zeichen
zum Beginn des Kampfes zu geben (397), nicht erst nachdem
der Kampf schon lange Zeit gewährt, und ein Grund zum Gebrauch des Hornes nicht mehr vorliegt. Auch trägt dann nicht
der Dichter des Fierabras die Schuld, dass der filh Arapatis
eines zweimaligen Todes stirbt (V. 358—362 und 1769—1771),
sondern der Nachdichter x, dem die Verse 358—362 zufallen.
Endlich ist auch erklärlich, warum dem Fierabras nur die drei
nach dem Auftritt der 50,000 Heiden gefallenen Feldherrn
genannt werden, die in den Versen 256—386 gefallenen aber
nicht, und so bliebe nur zu wünschen, dass durch die zwischen
V. 255 und 387 eingerückte Erweiterung das Original selbst
nicht angetastet worden wäre, — was auch in der That nicht
der Fall zu sein scheint. Mit einer geringfügigen Aenderung
lässt sich nämlich aus den genannten 2 Versen:

255 *quels payas de la terra se son tuh ajustat* und
387 *can l'agayt lor ichic dodins lo bosc ramat*
der Vers *que l'agayt dels payas ichic del bosc ramat*

herstellen, welcher das, was dem Verse 255 vorausgeht und dem
Verse 387 folgt, in vollständig befriedigenden Zusammenhang
bringt, und als in ähnlicher Weise, wie oben an andern Beispielen
gezeigt wurde (p. 42 ff.), in Vers 255 und 387 zerdehnt angesehen werden kann. Dann sind auch die Endverse der Tirade
367—392: 390—391 von x dem originalen Verse 254 nachgebildet und hinzugefügt. — Da im Original überhaupt nicht
100,000 Mann Heiden unter Fierabras auftraten, so ist auch
noch ein früherer Vers, V. 106, wo Fierabras 100,000 mit sich
führt, als er nach Contastinoble schaut, als Zusatz von x zu
betrachten. — Ebenso sind als Bezug nehmend auf den Ueberfall
der 100,000 x noch folgende Verse zuzusprechen: V. 399—400,
welche das vorausgehende *estimat* (V. 398) nicht nothwendig
erfordert, und V. 411.

V. 455 und V. 458—464 Tiradenanhang. Unter den Helden Karls, die mit Roland dem bedrängten Olivier zu Hülfe
eilen, werden auch Naimes (455) und Turpin (458) genannt.
Auf diese bezieht sich ausser auf Roland, Olivier und seine
Mannschaft Karls Verspottung der jungen Ritter, die trotz ihrer

Zahl den Heiden unterlegen wären, wenn er ihnen mit seinen „Alten" nicht Beistand geleistet hätte (V. 555—557, 670—674, 525—526). Naimes und Turpin müssten also vom Dichter als junge Ritter aufgefasst sein. Naimes ist jedoch auch im Fierabras, wie in andern chansons, in höherem Alter vorgestellt, wie ja auch das Epitheton: *floris* (1812) und „*vilhart*" (2698) beweisen. Dann aber würde der Dichter des Fierabras seiner eignen Auffassung untreu gewesen sein, wenn er Naimes einmal als jung, das andre Mal als Greis vorführte. Auch Turpin unter den „Jungen" zu finden, ist doch ungewöhnlich. Dann sind aber V. 455 und 459 Zusatz von x. — Die schablonenhaften Verse 459—464 erinnern sehr an die verdächtigen Verse 201—204 (s. p. 71). — Im Folgenden ist aus gleichem Grunde wie V. 458 V. 479 als unecht zu betrachten.

V. 492—499 sind Tiradenanhang, 501—510 Zusatz am Anfang der folgenden Tirade. Es treten plötzlich, nachdem Roland herbeigeeilt ist, noch 20,000 Heiden auf, die Fierabras von seinem Heere abgesondert haben soll (493—494). Nach den Versen 238—239 waren es aber nur 10,000. Ausserdem führen auch noch Brullan und Tenas 50,000 Mann herbei (495—497), was den späteren Angaben, dass 50,000 Heiden gegen Olivier gestanden hätten (572, 666—667, s. oben p. 73) ebenso widerstreitet, wie die Erzählung von Oliviers Kampf mit 100,000. — V. 498—499 enthalten eine übliche Schlussphrase, die mit den unechten Versen 492—497 fällt. — V. 501—510 repetiren in ungenauer Weise zum Theil die Verse 492—497 (V. 501 = 492, 502 = 493, 503—504 = 495—497); V. 505—509 bilden den Uebergang zu V. 510, mit dem der Nachdichter wieder bei dem die echte Tirade beginnenden Verse 500 anlangt, so dass im Folgenden von Olivier weiter erzählt werden kann. — In V. 522 ist aus der ursprünglichen Zahl die Zahl XXX gemacht worden, weil durch Einführung neuer heidnischer Mannschaften das Verhältniss der Franzosen zu den Heiden ein andres geworden war.

In V. 571 wird berichtet, dass auch Tenas de Nubia im Kampfe getödtet worden sei. Aufgetreten ist derselbe allerdings (V. 496), sein Tod ist jedoch nicht erzählt worden. Wie die Gestalt des Tenas überhaupt erst von x in unser Gedicht eingeführt worden ist (s. zu V. 492—499), so ist ihm auch hier von x ein Platz neben Esclamar und Tribuatz bereitet, deren Tod von dem Dichter ausführlicher beschrieben wurde (437 ff., 511 ff.), die auch die einzigen namhaft gemachten Heiden sind unter denen, mit welchen Olivier in den ersten Theilen des Gedichtes kämpft. Ihre Erwähnung hier ist also vollständig congruent der früheren Darstellung, störend aber die des Tenas. Indessen ist die Einfügung seines Namens von der Hand des x in V. 571 unschwer zu erkennen. Die Verse

570 *mortz lay es Esclamar; jamay no lo veyratz*
571 *e Tenas de Nubia e lo rey Tribuatz*

beruhen auf einer Zerdehnung des Verses

mortz lay es Esclamar e lo rey Tribuatz,

wobei die leere Phrase im 2. Hemistich des Verses 570 zur Füllung desselben diente.

V. 594—602 sind Zusatz in der Mitte der Tirade 588—610. Man erstaunt über den Mangel jedweder Gedankenverbindung zwischen den Versen 594—596 und 597—601. Von dem Befehle, den er seinen Mannen ertheilt, die Zelte jenseit Morimonde aufzuschlagen, kommt Karl plötzlich auf seinen Kummer über Olivier, auf die Gefahr, in der sich derselbe am gestrigen Tage befand, und auf seine eigene Hülfleistung zu sprechen. Soll dadurch das weitere Vorrücken des Heeres motivirt werden oder welchen Zweck sollen die Worte Karls sonst haben? Niemand nimmt Notiz von ihnen und es folgt nichts daraus. Auch Karls Befehl, über Morimonde hinaus vorzurücken ist eine leere Erfindung, denn das Auftreten des Fierabras verhindert die Ausführung desselben. — Die Verse 593 und 602 sind geeignet den fremden Zusatz in dieser Stelle zu bezeugen. In beiden wird nämlich dasselbe erzählt, in 593 das Blasen zur Mahlzeit vor, in 602 dasselbe nach Karls Rede; der ganze Unterschied zwischen den beiden Signalen beruht darauf, dass das erste Mal ein *grayle*, das andere Mal der *auriban* dazu gebraucht wurde. Man wird leicht in 602 eine Repetition des Verses 593 erkennen, zu dem x nach seiner Abschweifung in V. 594—602 zurückkehren musste, um die folgenden Verse des Originals (603 ff.) an seinen Zusatz anschliessen zu können.

V. 605—610 sind Tiradenanhang, durch den das in den folgenden Versen 611—615 Erzählte vorausgenommen wird und die letzteren Verse als Repetition von V. 605—608 erscheinen, nämlich 611 = 605—606, 613 = 607, 615 = 608, und 616 ff. als Ausführung zu V. 609—610. Allerdings scheint das *lo Sarrazi* in Vers 614 die frühere Erwähnung des Sarazenen V. 607 zu fordern; aber das Bedenken, welches hieraufhin gegen unsre Meinung, dass Repetitionen nichts Originales seien, erhoben werden könnte, wird überraschender Weise durch die Lesart der Handschriften der Redaction **y : a** 48 (s. D. im Anhang) *uns Sarrazins* aufgelöst, was offenbar ursprünglicher ist als *lo Sarrazi* in P. Somit hindert nichts, V. 605—610 als Tiradenanhang zu betrachten. durch den die Hörer möglicherweise noch gespannter auf das Auftreten des Fierabras gemacht werden sollten.

Die Tirade V. 641—659 [71]) ist eingeschoben und bietet in der ersten Hälfte eine Variante zu der vorausgehenden Tirade dar: 641—643 = 639—640, 644—650 = 632—638, in der zweiten Hälfte eine Lächerlichkeit. Auf die Frage, wer der herausfordernde Türke sei, erhält Karl die Antwort von Richart, die Anspruch auf Wahrheit macht (655), es sei der mächtigste Mann, von dem jemals gesprochen worden wäre, nie wurde ein Sarazene von seiner Tapferkeit geboren, ihm gilt König und Graf nicht einen Heller (656—658). Karl erfährt durch diese Antwort nicht mehr, als was er dem Türken wohl schon selbst ansah, seinen Namen etc., worauf jedenfalls die Frage zielte, aber nicht. Die Antwort Richarts ist aus den Versen 608—609 gebildet. Es ist bemerkenswerth, dass schon der Nachdichter **y** diese Stelle nicht befriedigt zu haben scheint, und er wahrscheinlich deshalb den Tiradenvorschub (**a** 125—137), worin Karl dieselbe Frage an Richart richtet und von diesem alsdann die völlig bestimmte allerdings mit Hülfe früherer Verse construirte Antwort erhält, dass es Fierabras etc. (**a** 130 ff.) sei, sich gestattet hat. — Durch den Anschluss der Verse **P** 660 ff. an 640 kann das Gedicht nur gewinnen.

Tiradenanhang sind die Verse 684—692. Hier ist Karl

---

71) V. 654 ist statt *aura: aud a* zu lesen; ebenso 843 *aut as* für *auras*.

wüthend über Roland, der sich weigert dem Sarazenen gegenüberzutreten, und befiehlt, dass man Roland binde; es sollen
diesem, noch ehe er wieder einmal isst, die Glieder abgehauen
werden. In den folgenden Versen 694—696 schlägt Karl über
dieselbe Sache einen wehmüthigen Ton an, der wie die Klage
der Ohnmacht klingt. Natürlich, dass Karls Befehl in der eingeschobenen Stelle nicht zur Ausführung kommt. Die gleichen
Anfänge der Verse 684 und 694: „ay dieus" so a dit Karles
zeigen, wie leicht V. 693 ff. auf 683 folgen kann; nur zum
Vortheil des Gedichts. Die echten Verse 694—696 sind auch
für die eingeschobene Rede benutzt; sie entsprechen V. 684—686
ihrem ganzen Inhalt nach.

Die Verse 743—752 im Innern der Tirade 737—765 sind
ein Zusatz, der sich schon durch die bis auf das Reimwort identischen Verse 742 und 752 als solcher verräth. Näher angesehen
führen sie auch einen Widerspruch mit sich. Denn nach V. 742
ist Olivier bereits am Zelte Karls angelangt; wie kann es also
noch in den späteren Versen 751—752 heissen: seht darauf
(abtan 751, nachdem er schon Naimes etc. bei dem Zelte: lay
743, gefunden hat) den Grafen ganz eilig kommen, bis an das
Zelt Karls hat er seinen Schritt nicht gehemmt? Auch hier
war die Repetition des Verses 742 am Ende des Einschubs
nöthig, damit derselbe Verbindung mit dem, was im Originale
folgte, erhalten konnte.

V. 785—798 sind Tiradenanhang. Sowohl V. 785 ff., als
799 ff. schliessen sich an die Verse 779—784 an, die späteren
Verse 799 ff. nur noch enger und genauer, als die früheren
785 ff. Karl schleudert Genes, der in den Versen 779—784
Olivier zum Zweikampfe mit Fierabras vorgeschlagen hat, in dem
zuerst an 784 angeschlossenen Stück 785 ff. Drohungen wegen
dieses Vorschlages entgegen wie: dass er ihn und seine Sippe
aus ihrem Besitzthum treiben (788) und ihn hängen lassen
wolle (793). In dem zweiten Anschlusse 799 ff. fügt sich Karl
einfach dem gesetzlichen Vorschlag (780 ff.) Genes', den er ja
eben deshalb nicht aufheben kann; er droht ihm zwar auch
und nennt ihn Verräther (801), aber diese schlichte Andeutung
der Wirkung, die Genes' Vorschlag auf Karl ausübt, lässt Karl

nicht lächerlich erscheinen, wie die detaillirte Drohung im ersten Anschluss (787 —794), die ja, da sie nicht zur Ausführung kommt, nur in den Wind gesprochen ist. Die Verse 787—794 scheinen geradezu den Vers 801 zum Thema genommen zu haben. Durch den Anschluss der Verse 799 ff. an 784 gewinnt Karl nur an Würde.

Durch die eingeschobene Tirade (oder Tiradenanhang) 807—816 wird die folgende Tirade theilweise Repetition. In beiden bittet Renier, Oliviers Vater, Karl um Gnade für seinen verwundeten Sohn (807—808 = 817, 809 = 818—819, 810 u. 812 = 820—821, 811 = 822). In der als eingeschoben bezeichneten Tirade ist befremdlich, dass Karl Reniers berechtigte Bitte gar keiner Antwort würdigt; erst in der folgenden Tirade wird (823—824), wie man erwartete, ihm eine solche zu Theil. Aber eben deshalb, weil in die eingeschobene Tirade aus dem Folgenden die Antwort Karls nicht mit aufgenommen wurde, sondern nur eine vorläufige Hindeutung, V. 813—814[72]), konnten beide Tiraden neben einander bestehen; die zweite bot dann einen Fortschritt dar[73]). 813 *encaras* beruht wohl auf Aenderung.

V. 830—831 sind ein kurzer Tiradenanhang. Der Weggang Oliviers (831) kann nicht ein zweites Mal erfolgen (837); V. 830 ist identisch mit 834.

V. 851—853 sind beschreibender Zusatz, der sich nicht mit einer spätern Stelle verträgt (954—957), wo von dem hier beschriebenen Balsam als von etwas gesprochen wird, was Olivier noch nicht bekannt ist (955 *un basme*), hiernach ihm aber schon bekannt wäre. Durch die eingeschobene Beschreibung, zu welcher der Nachdichter sogleich bei Erwähnung des *enguen* (850) angeregt wurde, wird der enge Zusammenhang zwischen den Versen 850 und 854 gestört.

V. 865—867 sind Tiradenanhang, V. 866—867 sind = 869. Fierabras fragt dasselbe zweimal hintereinander. Man wird uns

---

72) Diese Verse gehören nicht mehr zu Reniers Rede, die mit 812 schliesst; der Dichter spricht sie selbst.

73) Wenn der französische Prosaroman (s. Bekker, Ferabras) zu V. 817 ein *derechief* fügt, so erkennt man, wie schon ihm der Inhalt der beiden Tiraden 807—816 und 817—831 identisch erschien; das *derechief* verdeckte aber alsdann die Identität.

jedoch vielleicht nicht die Berechtigung zuerkennen, aus zwei-
maliger Wiederkehr derselben Frage in aufeinanderfolgenden
Versen auf die Unechtheit der Verse 865—867 schliessen zu
dürfen, und mit Recht fragen, was x mit der Vorausnahme der
Frage in so wenigen Versen bezweckt haben sollte, die ihm
auch selbst nur als Störung des Originals hätten erscheinen
können. Allein andre Gründe lassen erkennen, dass nicht nur
die Verse 865—867, sondern auch die ganze folgende Tirade
unecht ist, sodass, was noch wunderlicher scheinen muss, x sich
selbst in den Versen 868—869 repetirt hat. Man sehe zuerst
den Gedankengang in der Tirade 868—890! Fierabras erhält
auf seine Frage nach Oliviers Namen (869) die Antwort von
Olivier: ich werde Dir es ganz klar sagen, aber vorher will ich
Dir etwas anderes erzählen. Karl lässt Dir durch mich befehlen,
Mahomed zu verlassen, Christ zu werden etc., sonst fordere ich
Dich zum Kampfe heraus (— 875). Fierabras wirft sich darauf
in die Brust und fragt: was ist Karl für ein Mann, ich hörte
ihn sehr loben, und die 12 Pairs und Roland und Olivier. Ohne
dass also die von Fierabras gestellte Frage von Olivier, wie er
versprochen, beantwortet wird und wie als wenn beide die Frage
vergessen hätten, wirft Fierabras hier eine neue Frage auf, die
Olivier auch sogleich beantwortet (883—888). Aber in der
folgenden Tirade 891 ff. tritt nun die erste Frage, und als
würde sie zum ersten Male ausgesprochen, wieder auf (893—894
= 867 = 869). Welcher Faden leitet diese Gedankenrück-
und Seitensprünge? Es ist ferner gar nicht wahr, dass
Olivier von Karl Auftrag erhalten hätte Fierabras zu befehlen,
Christ zu werden, wohl aber richtet Olivier später (1072 ff.)
aus eignem Antriebe diese Aufforderung an Fierabras. Auch
die Frage nach Roland und Olivier in den Versen 880—882,
kehrt, von Fierabras selbst aufgeworfen, in V. 965—967 wieder;
ihre Beantwortung erfolgt ebenfalls aufs Neue 968 ff., nur
weniger schaal und phrasenhaft als in V. 885 ff. Hierzu
kommt, dass der V. 891, womit die Tirade beginnt, in welcher
Fierabras auf seine erste Frage Antwort erhält, kein Tiraden-
anfang sein kann, da für sein Verständniss ein Subject aus der
vorausgehenden Tirade erforderlich ist, im ganzen Fierabras aber

sonst keine Tirade weiter sich findet, deren Anfangsvers nicht sein eignes Subject hätte. Die Tirade 891 ff. kann daher nur Theil einer Tirade sein, der Reim in *at* leitet uns aber, den übrigen Theil in der Tirade 832—867 zu finden, d. h. aber, die Verse 891 ff. schlossen sich im Original an V. 864 an, und V. 865—890 sind mitten in eine Tirade hineingeschoben.

In engste Beziehung treten nun die an ihrer Stelle beziehungslosen V. 891—892 zu den V. 856—863, besonders zu Oliviers Drohungen 858 und 861—863, durch die sie allein zu verstehen sind; die aber einer schlichten Erfindung wenigstens nicht zuzumuthenden Sprünge in der Tirade 868—890 fallen einem Nachdichter anheim. Dass er sich einmal hier selbst repetirte, lag vielleicht daran, dass er einem ihm nach 857 auftauchenden Gedanken statt des mit 865 eingeleiteten folgen zu müssen glaubte, den er auch in V. 868 ff. darstellte und zu dessen Ausgangspunkt er gleichfalls die Frage des Fierabras nehmen musste. Wie hier, so greift er auch an andern Stellen mit zufälligen Einfällen ein.

V. 909—927 sind Tiradenanhang und variiren zum Theil die folgende Tirade. Fierabras weigert sich, mit einem Ritter von so niederer Herkunft wie Garin, für den sich Olivier ausgegeben hat, zu kämpfen (V. 909—911 = 924—927). In dem Reste der angefügten Verse erklärt er sich dann bereit, einen Scheinkampf auszuführen (912—919), den Olivier natürlich nicht annimmt (920—922). Hierauf muss V. 923 unverändert bis auf *tot* für *mot* und *a* für *ac* wie V. 908 folgen, von dem der Anschub der Verse 909—923 begann und zu dem x zurückkehrte, um die folgende Tirade unverändert seinem Einschube folgen lassen zu können.

Die Verse 939: „Fierabras erhebt sich vom Sitzen", und 943: „der Heide (Fierabras) liegt unter einem Baume" enthalten einen offenbaren Widerspruch. Doch ist die Annahme, dass die eine der beiden Tiraden, denen diese Verse angehören, unecht sei, unstatthaft, da ihre Echtheit durch Zusammenhang und spätere Bezüge sicher gestellt ist. Der Widerspruch ist aber auf andre Weise zu heben: er ist allein von dem provenzalischen

Uebersetzer verursacht worden und gehört nicht schon dem Originale an. Denn

P 943 . . *que sotz un aybre jatz*

würde im Originale gewesen sein:

qui sous un arbre gist;

gist konnte aber in einer Tirade auf *és* (= **P** *atz*) natürlich nicht reimen, noch weniger sie beginnen. Daher ist das provenzalische *jatz* nicht Original; ihm mehr entsprechend und von dem Widerspruche frei ist die Lesart von

a 512 . . *qu'est aval avalés* oder von

E *qui est aval coulés.* —

Von den Versen 1020—1038 (eingeschobene Tirade) sind die Anfangsverse 1021—1023 Repetition der letzten Verse der vorausgehenden Tirade 1015—1018. Die Verse 1024—1037 erzählen dagegen von den Verfertigern der drei Schwerter, mit denen sich Fierabras gürtet, sowie von den im Besitze Karls und Rolands befindlichen Schwertern Durendal und Joiouse und anderen. Der Schlussvers 1038 fasst endlich noch einmal V. 1015—1018 zusammen, so dass die folgende Tirade sich auch an die eingeschobene anschliessen kann. Ein Widerspruch kennzeichnet auch hier wieder den Nachdichter und zeigt, wie wenig es ihn kümmerte, ob er mit dem Originale in Einklang blieb oder nicht. Die originale Tirade schliesst mit dem V. 1019 *anc d'aytals III espazas non aucic hom parlar:* „von den drei Schwertern des Fierabras hörte man noch niemals sprechen"; nach dem V. 1027 der eingeschobenen Tirade *cels feyro VIII espazas, don trop hom a parlat,* hat man aber gerade sehr viel von den acht Schwertern (in denen die drei des Fierabras mit eingeschlossen sind, V. 1028—1029) gesprochen. Das Eine schliesst das Andere natürlich aus.

Die Verse 1238—1273 und 1274—1291 sind zwei eingeschobene Tiraden mit gleichem Reim. Nach V. 1270—1272 erhebt Olivier seine Hand und bekreuzt sich; er hält den Schild umfasst und den Eisenbrant in der Faust; er setzt sich fest auf seinen Renner. Das Alles findet statt, während der Kampf ruht, wie auch aus den folgenden Versen hervorgeht, in denen Fierabras sich mit Olivier unterredet (1274—1286) und von dem

Beginn eines neuen Ganges gesprochen wird (1287 ff.). Man muss sich danach vorstellen, was auch ohnehin das Passendste war, dass Olivier sein langes Gebet (1242—1270) während einer Erschöpfung der beiden Kämpfenden, die den Kampf abbrechen hiess, gesprochen habe. Allein der Anfang der Tirade, welche Oliviers Gebet enthält: „Der Kampf war gross und das Gemetzel, mörderisch gehen sie auf einander los" (1239—1240), nöthigt im Gegentheil anzunehmen, dass der Kampf während des Gebetes fortdauert. Wie sollen diese zwei einander entgegengesetzten Voraussetzungen vereinigt werden? Der hier sich darbietende Anstoss lässt sich nur, und leicht, durch die Annahme beseitigen, dass V. 1287—1291 eingeschoben sind; V. 1292 ff. schliessen sich genau an V. 1237 an. Es lässt sich aber auch etwas zur Erklärung dafür anführen, wie der Hinzudichter zu zwei so widerstreitenden Voraussetzungen kommen konnte. Nach V. 1237 fand er im Original 1292 ff. vor. Dort heisst es im Anschluss an V. 1234—1237: „Der Kampf war gross, Olivier war verwundet (1292—1294); oft rief er Gott an (V. 1295)". Dies Letztere bot ihm zunächst das Thema für die Tirade 1238—1273 dar, d. i. für das lange Gebet, welches Olivier spricht (1241—1270). Er stellte diesem Gebete aber dieselben Verse voran, welche im Original auf 1237 folgten, nämlich V. 1292—1294 (vgl. 1292—1293 = 1239, 1294 = 1238), in denen der Kampf als noch dauernd dargestellt ist. Ein neuer Gedanke tauchte ihm dann nach Ausführung des Gebetes auf, mit dem er die folgende Tirade zum grössten Theile (V. 1274—1286) füllte, und durch den er von der Voraussetzung, dass der Kampf noch fortdauere, abgeleitet wurde. Dagegen leiten nun die Verse 1287—1291 zum Anfang der folgenden Tirade, der die Erwähnung eines Kampfes voraussetzt, aber nur dadurch, dass der Nachdichter in diesen Versen einen neuen Kampf beginnen lässt.

Die eingeschobene Tirade V. 1418—1462 enthält in der Hauptsache ein Gebet, in welchem Karl für Olivier Gnade erfleht; es stimmt mit dem früheren Gebete Oliviers (V. 1242—1270) im Stoff genau, im Ausdruck oft wörtlich überein. Für Einschub dieser Tirade sowie der folgenden Verse 1463—1469 spricht die fast wörtliche Repetition der Verse 1415—1417 (vor dem Einschub) in den Versen 1467—1468 *(no y duraratz — vos no m escaparatz)*, welche den verlassenen Punkt der Haupthandlung im Gedächtniss des Hörers wieder wachrufen sollen; zugleich waren sie erforderlich, um den Anschluss der echten Verse 1470 ff. zu ermöglichen. Mit dieser Art, verlassene Punkte der Handlung wörtlich wieder aufzunehmen, verträgt sich nicht die sonst in den echten Theilen des Gedichts zu machende Beobachtung, dass der Dichter während einer Nebenhandlung die Haupthandlung als fortgeschritten denken lässt, und dieselbe also, wo er sie verlassen, nicht wörtlich wieder aufnimmt, oder Nebenhandlungen überhaupt nur da erzählt werden, wo die Haupthandlung einen Ruhepunkt erlangt hat (vgl. V. 1361—1385, 1492—1499 ff.). An unsrer Stelle ist auch gerade die Wiederholung derselben Worte des Fierabras und Olivier recht störend. Die engste Verbindung besteht dagegen zwischen V. 1415—1417 und 1470 ff., sie können ohne Weiteres auf einander folgen.

V. 1671 muss eingeschaltet sein, da ausser dem Pferde des Fierabras sich kein anderes auf dem Kampfplatze befindet.

V. 1715—1718, Tiradenanhang, sind dem Inhalt nach identisch mit den folgenden Versen 1719—1725. Sollte hier die Wiederholung das Rührende der Scene heben?

V. 1761—1764 scheint nur Ausführung der folgenden Verse 1766—1767. Die Bemerkung, dass Olivier (von den herbeigeeilten Heiden) sich ganz umringt sieht, kommt nach dem Gebete zu spät; sie ist als Motiv den Versen 1766—1767 vorangestellt; sie müsste daher auch eigentlich den Versen 1761—1764 wegen ihres gleichen Inhalts vorangehen. Das ist jedoch nicht der Fall, aber darum stehen V. 1760 und 1765 ff. in engerer Verbindung. Man darf wohl V. 1761—1764 als Tiradenanhang betrachten.

V. 1842—1845 sind Tiradenanhang. V. 1843—1844 sind nicht im Einklang mit V. 1849. Dort reiten nämlich die Heiden, welche die 5 Barone gefangen hinwegführen, 3 Meilen weit, die ihnen nachsetzenden Franzosen können sie aber um 1 Meile nicht einholen; danach reiten also die Franzosen 2 Meilen. Hier, V. 1849, werden die Heiden jedoch 5 Meilen weit von den Franzosen verfolgt. Dass die erstgenannte Zahl einen Vorsprung der Heiden bedeuten solle, ist aus diesen Angaben nicht zu entnehmen; beide Zahlen gelten daher der Dauer der Verfolgung und widersprechen somit einander. Wegen des Zusammenhangs des Verses 1849 mit den folgenden, muss 1843—1844 als Einschub betrachtet werden. Da V. 1845 auf 1842 folgend das in den fast unmittelbar vorausgehenden Versen 1840—1844 Gesagte nur noch einmal sagen würde, so erscheint er als Rückgriff auf die Verse 1840—1841 nach dem Einschub der Verse 1843—1844, und mit ihm zugleich auch V. 1842 als Zusatz.

V. 1942—1949 sind Tiradenvorschub. Zu dieser Annahme veranlasst ein Widerspruch, auf den schon oben p. 66 hingewiesen wurde. Derselbe Brustamon, der V. 1932 sagt, dass er den Namen des Ritters, von welchem Fierabras besiegt worden sei, nicht wüsste, giebt auf Balans hiernach eigentlich unmögliche Frage „wer der Ritter gewesen sei, welcher Fierabras besiegt habe" (1945—1946), doch die Antwort, dass er Olivier heisse. Wenn bald darauf (V. 1964—1965) Balan den Olivier selbst nach seinem Namen fragt und dieser einen falschen Namen angiebt, ohne dass Balan über die sich nun gegenüberstehenden Aussagen des Brustamon (1947—1949 mit *aycel bel cavayer* weist Brustamon sogar noch darauf hin, welcher unter den Gefangenen Olivier sei) und Oliviers in Zweifel geräth, sondern sich vielmehr bei Oliviers Aussage beruhigt (1971 ff.), so scheint die Stelle, in der Brustamon Oliviers Namen nennt, als die unechte bezeichnet werden zu müssen. — V. 1950 schliesst sich fast noch besser an 1941, als an 1949 an: die Franzosen erschrecken über die Wuth, die sie an Balan bemerken.

V. 2011—2014 ist Vorauserzählung des folgenden Erscheinens der Floripar (V. 2020 ff.); V. 2011—2014 treten gleichsam aus dem Gange der Handlung heraus und weisen nur auf etwas, was bald erzählt werden soll, hin (auf 2020 ff.). — V. 2015—2019 enthalten in V. 2017—2019 eine Repetition der Verse 2006 ff. Zweimal ist dieselbe Handlung natürlich nicht zu denken.

V. 2131—2151 bilden eine eingeschobene Tirade, deren V. 2127 repetirendem Anfange (V. 2132) eine Episode folgt.

Margarande, die Olivier (in der eingeschobenen Tirade auch noch die übrigen Pairs) erkannt hat, will davon sofort dem Admiral Balan Anzeige machen. Floripar und Malmuret verhindern sie jedoch an diesem Vorhaben, indem sie sie zum Fenster hinaus in das Meer stürzen. Eine Ungereimtheit bezeugt die Unechtheit dieser Tirade weiter. V. 2132 will Margarande wissen, dass Olivier den Fierabras verwundet habe. Das weiss aber weder Balan, noch die, welche Olivier und die übrigen Pairs gefangen zu Balan führten, woher also Margarande? Der Nachdichter dichtet hier im Sinne des als eingeschoben bezeichneten Tiradenanfangs 1942—1949, wo Olivier als Besieger des Fierabras genannt wurde, weiter.

V. 2171—2191 eingeschobene Tirade. Ohne dass sich irgend eine Veranlassung oder Absicht erkennen lässt, theilt hier Floripar den gefangenen Pairs mit, dass sie Guy liebe und um seinetwillen an Gott glauben wolle; nur ihn wünsche sie sich zum Gemahl (2175—2180). Als Roland später mit 6 andern Pairs, welche Karls Botschaft an Balan überbringen, von Floripar mit den gefangenen Pairs zusammengebracht ist, fordert sie in einer lebhaften Scene Guy von Roland zum Gemahl (2625—2626), ohne dass daran erinnert wird, dass Floripar bereits einmal ihre Liebe ausgesprochen habe, und ohne dass die Pairs, denen sie früher davon mittheilte, ihr irgendwelchen Beistand zu leisten nöthig haben. — In keinem erklärlichen Zusammenhange stehen auch die Verse 2183—2184 zu den vorausgehenden; sie scheinen von einer früheren Stelle hergenommen zu sein, nämlich von V. 2096—2098, ebenso wie die frühere Liebeserklärung durch die spätere inspirirt sein dürfte (man vergl. 2177 == 2626). Eine falsche Voraussetzung aber, dass nämlich Floripar wissen soll, Olivier habe den Fierabras verwundet (V. 2173), spricht wohl am Besten für Unechtheit dieser Tirade. Floripar hat von Brustamon (2046—2054) nur erfahren, dass die gefangenen Franzosen ihren Bruder verwunden halfen (V. 2051); dass Fierabras von dem wohlgestalteten Ritter (2052—2053), der sich unter den Gefangenen befindet, besiegt sein könne, ist blose Vermuthung von Brustamon (2054: *so m par*).

Die Verse 2607—2613 bilden eine eingeschobene Tirade.
Sie verräth sich als solche durch einen Widerspruch, in dem
V. 2612 zu dem gleichlautenden V. 2472 steht. Hier sagt
Floripar zu Richart, er habe Corsuble und ihren Oheim Mathis
getödtet, dort hat Balan, Floripars Vater, zu demselben Richart
gesagt: „Du tödtetest mir Corsuble und meinen Oheim Mathia"
— sodass Mathia der Oheim von Vater und Tochter zugleich
sein müsste. Auch V. 2611 ist nur von der früheren Stelle
hergenommen, von V. 2470. Mit diesen Versen wird aber die
ganze Tirade unmöglich.

Die Tiraden 2653—2659, 2660—2678 und der Tiraden-
anfang 2679—2710 scheinen in die Mitte einer Tirade, zwischen
V. 2652 und 2711 eingeschoben zu sein. Dafür spricht Folgendes. Dem Befehle Balans (V. 1991—1994) gemäss befinden
sich die 5 gefangenen Pairs in einem Gefängniss (V. 1996—2002);
dahin hat Balan seiner Tochter Floripar auch die 7 Botschafter
Karls zu führen (2578—2580) befohlen, und Floripar hat es
scheinbar gethan (2582—2583). Balan muss hiernach glauben,
dass sich die 12 Pairs in seinem Gefängnisse befinden. In Uebereinstimmung hiermit müsste nun auch unsre Stelle sein, wenn
sie als echt betrachtet werden soll. Wenn Balan also zu Lucafer
sagt, die 5 Franzosen seien en establia (2669), so muss dies
etwa „Gewahrsam" bedeuten[74]), und hieraus und aus V. 2670—
2672, wonach Balan seiner Tochter Floripar die 7 Botschafter
anvertraut hat, muss Lucafer entnehmen können, dass die 12
Pairs sich im Zimmer der Floripar befinden. Denn ohne
weitere Auskunft erhalten zu haben, sucht dieser die Pairs direct
in dem Zimmer der Floripar (2675, 2680) auf. Balans Aus-
drücke müssten zweideutig sein und für ihn selbst etwas andres

74) Raynouard (lexique III, 207) führt für establida (d. i. = establia)
nur die Bedeutung demeure auf, was noch mehr gegen die Echtheit unsrer
Stelle sprechen würde. Freilich ist die Bedeutung von „Gewahrsam" höchstens durch den Sinn der Stelle und etymologisch zu rechtfertigen. Sie wird
nicht einmal durch das französische establie (was P's establia im Originale
zu Grunde gelegen haben muss), wofür Burguy (Grammaire III, 355) die
Bedeutung: bataillon etc. angiebt, bestätigt. — Das „fremerie", das a 2849
für P establia hat, scheint weder das originale zu sein, denn dann hätte es
P gewiss mit fermaria (wie P 2883) wiedergegeben, noch hebt es die
Schwierigkeit unsrer Stelle.

bedeuten als für Lucafer, wenn unsre Stelle in Ordnung sein
sollte. Das ist aber natürlich nicht anzunehmen. So unbestimmt
die Angaben des Balan über den Aufenthalt der Franzosen sind,
so haben sie doch den Erfolg, dass Lucafer dieselben da finden
kann, wo sie Balan nicht weiss. Darum scheinen sie, als der
ursprünglichen Voraussetzung, dass Balan nicht weiss, dass Floripar die Pairs in ihr Zimmer geführt hat, entgegen, dem Dichter
des Fierabras abgesprochen werden zu müssen, und der Anfang
einer Episode, welche die oben bezeichneten Verse enthalten,
zu sein, also das Werk des Nachdichters. Zwei auf die Episode
bezugnehmende Verse 2713—2714 gehören ihm daher gleichfalls an. — Es sei bemerkt, dass y die Erzählung von Lucafer
in den Versen a 2896—2947 noch bedeutend erweitert hat
(s. p. 61). Des Lucafer ist nur noch einmal im ganzen Gedicht
bei einer andern Gelegenheit gedacht (V. 2179). Da die Tirade,
in welcher dies geschieht (V. 2171—2191) gleichfalls und aus
andern Gründen (s. p. 86) sich als unecht erwies, so ist Lucafer
überhaupt erst durch den Nachdichter in das Gedicht vom Fierabras eingeführt worden. — V. 2711—2712, 2715 ff. können
auf V. 2652 (noch besser auf 2646) sehr wohl folgen. Da Floripar ihrem Vater selbst empfohlen hat, die beschlossene Exe-
cution an den 12 Pairs nach dem „dinnar" zu vollziehen (2567),
so muss sie sogleich auf deren Rettung bedacht sein; sie räth
ihnen daher, das Palais zu überfallen (2715 ff.). Des Auftretens
des Lucafer bedürfte es nicht erst, um den Ueberfall zu motiviren.
In V. 2867—2869, Tiradenende, wird vorauserzählt, was
erst V. 2886—2887 (vgl. 2868 = 2887) geschieht.
V. 2908—2909, Tiradenende, sind Vorausnahme der sogleich
folgenden Verse 2910—2911 (wegen 2908 = 2910—2911).
Die Verse 2817—3260 bieten zwar keine äussern Anzeichen
von Interpolationen dar, wie Repetition und Variante, wohl aber
mehrfache Anstösse in ihrem Inhalte. Es wird erzählt: „Die im
Thurm mit Floripar eingeschlossenen Franzosen machen, um
Lebensmittel zu erhalten, die ihnen gänzlich fehlen, einen Ausfall.
Von einem Transport Lebensmittel gelingt es Olivier, wenigstens
Einiges zu erlangen und in den Thurm zu bringen. Bazin ist
bei diesem Ausfall erschlagen und Guy gefangen worden.

Trotzdem begaben sich die übrigen Franzosen mit Olivier und der gemachten Beute in den Thurm zurück. Um aber Guy, den Balan angesichts des Thurmes zu hängen Anstalten macht, zu befreien, machen die Franzosen einen neuen Ausfall und befreien nicht nur Guy, sondern bemächtigen sich auch eines neuen Transports Lebensmittel, von dem sie zwei Monate lang leben können". — Schwierigkeiten macht hierbei das Folgende: Nach V. 2911 (vgl. 2908) und V. 2931 vermögen 11 Franzosen sich gegen 120,000 Heiden zu behaupten (nach a 3265, 3270 und 3293 wenigstens gegen 35,000). Trotzdem halten später Sortinbrans und Balan 10,000 Mann für genügend (V. 3054, 3065), um die verwegenen Franzosen (V. 3058) zu überwinden. Der Erfolg zeigt, was Balan schon von dem ersten Ausfall wissen musste, dass nicht einmal 30,000 Heiden (3189, 3194) die Franzosen bezwingen können. Wie unconsequent ist also der Dichter! — Ferner wird V. 3036 ff. (nach P 3036 ist a 3428—3434 einzusetzen, s. oben p. 36) der Heide Falsabratz von Guy erschlagen, wie auch V. 3289 bestätigt (in a 3427 ff. steht falsch *Safares*, wie aus V. 3711 hervorgeht, wo a *Fasseré*, d *Fausabré* = P *Falsabratz*, V. 3289, liest). Wenige Verse später wird aber Falsabratz noch einmal von Roland getödtet, V. 3175 (in a 3585—3586 zwar *Tempesté*, der aber wieder a V. 5663 = P 4679 auftritt). — Endlich, um Andres zu übergehen, ist Bazin, der den Eingang des Thurmes bewachte (V. 2872, 2885), von der Hand der Feinde gefallen (2948); gleichwohl lassen ihn die übrigen Franzosen, als sie an ihm vorbei in den Thurm zurückgehen, unbekümmert liegen und verzehren die gewonnene Beute. Dass sie von seinem Tode wussten, geht aus V. 3111 hervor, und es ist um so mehr zu verwundern, dass sie den Leichnam nicht in Sicherheit bringen, da Roland V. 3114—3116 (a 3521—3523) die Pairs ermahnt, Sorge zu tragen, dass jeder, der von ihnen fallen sollte, aufgehoben werde und keiner todt oder lebend verloren gehe. Nicht minder steht diese Mahnung der Sorglosigkeit entgegen, mit der man Guy in den Händen der Feinde lässt und erst nach eingenommener Mahlzeit und als Guy bereits unter dem Galgen steht, zu seiner Rettung schreitet. Bazin ist unterdessen aussen am Thore liegen geblieben, und erst als die Franzosen das dritte Mal an ihm vorübergehen, heben sie ihn auf und tragen ihn in den Thurm (3253—3254). — Die Hand des Ueberarbeiters ist hierin nicht zu verkennen; allein schwer ist zu sagen, wieviel er hinzugethan und was er geändert hat, denn vollständig befriedigende Anschlüsse ergeben sich nach Ausschluss dessen, was die Anstösse darbietet, nicht. Allzugewagt dürfte es wohl scheinen, wenn wir die Verse 2929—3228 ausscheiden wollten, wodurch die ganze Episode der Gefangennahme und Befreiung Guys in Wegfall käme, und wofür sich vielleicht anführen liesse, dass im Allgemeinen die Tiraden 2910—2928 und 3190—3228, der Ausgangs- und Endpunkt der Episode, dieselbe Situation, nämlich die Handlungen vor der Erlangung von Lebensmitteln, darstellen, welche in den beiden Tiraden folgenden Versen (2929—2941, 3229—3250; man vergleiche die identischen Verse 2933—2934 = 3243—3244, 2935 = 3245, 2936 = 3246, 2937 = 3247, 2938—2939 = 3248—3249, 2940—2941 = 3250, die zum mindesten einander nachgebildet sind) erzählt wird. Gleich sind z. B. die Verse 3221—3222 = 2920—2921, 2919 = 3225 in diesen beiden Tiraden. Endlich bleibt bei Ausscheidung der bezeichneten Verse die Gesammthandlung unberührt, jedoch erscheint die Kampfschilderung in den beiden Tiraden 2910—2928 und 3229—3260 im Vergleich mit andern etwas zu dürftig, als dass wir glauben könnten, darin das Original ungetrübt erhalten zu haben; der Nachdichter aber müsste den Heiden Falsabratz zweimal haben tödten lassen, sich selbst also widersprechen. Es muss genügen, auf die Schwierigkeiten dieser Stelle aufmerksam gemacht zu haben; erklärlich können auch sie natürlich nur werden unter Annahme einer Ueberarbeitung, die sich jedoch hier einen stärkeren Angriff auf das Original, als bisher zu bemerken war, gestattet hat.

V. 3279—3290 und V. 3293—3296 sind Redeerweiterung. Brullan de Monmirat will V. 3281 wissen, dass Olivier den Fierabras besiegt und verwundet hat und behauptet, Olivier sei (nach dem Kampfe mit Fierabras) gebunden vor ihn geführt worden. Aus V. 1792—1803 geht aber hervor, dass Olivier damals vor Sortinbrans gebracht worden ist. Diese Behauptung ist um so wunderlicher, als Brullan sie vor Sortinbrans selbst macht (8276). Wenn übrigens Brustamon von Monmiratz (1943, 1929) mit Brullan von Monmiratz identisch ist, wie es nach a 1873, 1880, 1897, 1905, 1907 scheint, wo Brullan über den Kampf des Fierabras mit Olivier berichtet, wie in P Brustamon (a 1880 == P 1929, a 1907 == 1943), ein Brustamon diesem Kampfe auch nicht beiwohnte, wohl aber Brullan (z. B. 1688, 1703 etc.), so kann Brullan Olivier auch gar nicht kennen, da er selbst oben (1932) bekannt hat seinen Namen nicht zu wissen. Ebensowenig weiss man, woher er die Namen der übrigen Pairs, welche im Thurme eingeschlossen sind, und welche von ihm in der hier als eingeschoben bezeichneten Stelle genannt werden, erfahren haben soll. — y hat einen ähnlichen Einschub nach P 3033 gemacht (a 3416—4425), wo Guy, von Balan gefragt, die Namen der Pairs angiebt. — Durch Auslassung der Verse 3279—3290 und 3293—3296 wird der Zusammenhang nicht beeinträchtigt.

V. 3323—3327 Tiradenanhang. Die Todesfurcht, welche Floripar hier zeigt (3324), contrastirt sonderbar mit den ermuthigenden Worten, die sie selbst (V. 3365—3366) wenig später an die Pairs richtet. Der Thurm sei stark, sie brauchten sich nicht zu ängstigen, sagt sie hier, und oben (V. 3324) sieht sie den Tod voraus. Auch hebt der Dichter seine frühere Versicherung, dass Floripar, weil sie eine Heidin sei, den Christen Guy nicht küssen dürfe, auf, wenn er in V. 3324—3326 Guy sie auf ihre Bitte küssen lässt. (Daher wohl auch 4357 unecht.)

Die Verse 3385—3431 und 3431—3445 zerreissen eine ursprüngliche Tirade. Sie enthalten folgende Episode. Nach einem vergeblichen Angriff auf den Thurm begiebt sich Balan zum Mahle; ebenso die Pairs (3382 ff.). Da bemerkt Roland vom Fenster des Thurmes aus, dass die Heiden im Begriff sind, ihr Mahl einzunehmen, und in übermüthiger Laune, wie er sie kaum vorher gezeigt hat, fordert er die Pairs auf, Balan bei seinem Mahle zu stören. Sie sind bereit; während sie nun geräuschlos aus dem Thurme ausrücken, wandelt den Admiral Balan der Gedanke an, die Pairs könnten ihn überfallen. Er lässt Espulart rüsten und alsbald beginnt der Kampf mit 3000 Heiden. Nachdem Espulart von Roland überwunden und gefangen und andre Heiden erschlagen sind, begeben sich die Pairs mit dem gefangenen Espulart in den Thurm zurück. Dort angelangt erfährt Roland auf seine Frage, wer der Gefangene sei, von Floripar, dass es Espulart, der Neffe des Admiral sei, den man tödten solle, wenn man dem Admiral ein Leid zufügen wolle. Naymes jedoch räth, den Gefangenen leben zu lassen, da der Admiral, wenn er einen von den Pairs in seine Gewalt bekommen sollte, diesen gegen Espulart austauschen würde. Darauf kommt es zum Essen (3446 ff.), was eigentlich so ausgedrückt sein müsste: „man setzte das Mahl nach der Unterbrechung fort". — Diese Episode ist völlig bedeutungslos für die übrige Handlung. Weder wird des Espulart noch irgend einmal gedacht, noch hat seine Gefangennehmung irgend welchen Erfolg. Der Admiral, welcher V. 3420—3421 sagt, dass er nicht leben könne, wenn Espulart in den Händen der Feinde bliebe, hat trotzdem kein Wort der Klage für ihn; ebenso erfüllt sich Naymes' Gedanke nicht, dass Espulart zur Auslieferung eines etwa gefangenen Pairs gebraucht werden könnte, ja auch, als die Franzosen im Thurm von Karl entsetzt werden, gesshieht seiner nicht die geringste Erwähnung. — Die Reime der Verse 3383—3384 in *ar* gestatten den Anschluss der Verse 3446 ff., die, 3446 selbst ausgenommen, in *at* reimen. Aehnlich reimt die Tirade 2397 ff. Auch die Gedankenfolge widerstrebt nicht der Verbindung der Verse 3384 mit 3446 ff. und die Handlung folgt ohne einen Seitensprung ihrer natürlichen Entwickelung.

Die Verse 3907—3911 (Tiradenende) können nur als eine Anzeige des Folgenden (3912 ff.) aufgefasst werden, denn V. 3908 und 3913—3914 erzählen dasselbe. Ob sie vom Dichter oder Sänger stammt, ist nicht zu entscheiden.

V. 3936—3941 sind als Tiradenanhang zu bezeichnen. V. 3940—3941 = 3942—3943. V. 3938—3939 sagt Richart zu Karl: „Ihr könnt die Reliquien haben, wenn es euch gefällt (*si vos ne atalan*)". Das kann jedoch der Dichter nicht selbst in Frage stellen lassen, da er ja eben wegen der Reliquien Karl gegen die Heiden ziehen lässt. — Es muss auch verwundern, dass Karl Richarts Mittheilung über die Reliquien ganz unberücksichtigt lässt und nur darüber seine Freude äussert, dass Roland

und die übrigen Pairs nicht in den Händen der Feinde sind,
wie er aus Richarts Worten entnimmt (V. 3942—3947). Die
Erwähnung der Reliquien ist aber auch noch aus einem andern
Grunde verdächtig. Richart kann allerdings nach V. 2647 ff.
und 3125 ff. wissen, dass Floripar im Besitz der Reliquien ist.
Allein die Verse 3125 ff. gehören einer längern, wahrscheinlich
unechten Stelle des Gedichts an (s. p. 88 ff.). Wenn dieselbe
wirklich unecht ist, könnte er somit nur nach V. 2647 davon
Kenntniss haben, wo Floripar den Pairs die Reliquien gezeigt
hat. Man vergleiche aber diese Stelle mit einer alsbald folgenden
V. 4313—4316, 4323 ff., wo Floripar die Reliquien gleichfalls
zeigt. An der ersten Stelle heisst es sehr nüchtern: „die Jungfrau
kommt zu einem Schrein, schliesst ihn auf, nimmt die Reliquien
heraus und breitet sie aus auf einem seidnen Tuche, und die
Barone haben sie angebetet (V. 2654, noch dazu ein Vers in
der längern unechten Stelle 2653 ff., s. oben p. 87 f.)". Das ist
die ganze Wirkung, welche die vielersehnten Reliquien auf die
Pairs ausüben. Viel mächtiger ist dagegen ihr Eindruck an der
späteren Stelle, V. 4313 ff. Dort senken die Pairs bei ihrem
Anblick das Haupt zu Boden und rufen Gott an. „Ach Gott",
sagt Naymes, „nun sind wir getrost; gebt uns die Reliquien so
lange, bis wir uns damit berührt haben". · In grosser Demuth
beten sie sie an (V. 4330—4337). Gleich darauf wird ihre
Echtheit an den Heiden erprobt, die bei ihrem Anblick von dem
Thurme, den sie bis zu den Fenstern erklommen haben, herab-
stürzen. Naymes erkennt daran, dass es die Reliquien Christi
sind; „wir können nun ganz sicher sein", sagt er, „denn die
heilige Dreieinigkeit ist uns dafür Bürge". Danach ist kein
Türke mehr gefürchtet worden (V. 4338—4348). — Nach allem
diesen scheinen die Pairs die Reliquien vorher noch nicht
gesehen zu haben. Auch die ganze Einkleidung dieser Stelle
spricht dafür. Floripar sagt zu den Pairs, V. 4313 ff.: „nun will
ich euch wohlthun; wenn ihr von diesem Angriff (den die Heiden
auf den Thurm machen) befreit sein werdet, werde ich euch
etwas zeigen, womit ihr sehr zufrieden sein sollt, die Krone
Christi". Und V. 4323 ff. sagt sie: weil die Pairs ihr gelobt
hätten, nur nach ihrem Willen zu handeln, sollten sie nun

(4325 *ara*) die Krone etc. sehen. Es hat ganz den Anschein,
dass Floripar den Pairs etwas zeigen will, was sie ihnen noch
nicht gezeigt hat. Noch mehr erhärtet dies V. 4328. Abgesehen
davon, dass sich hier die Reliquien in einem *cofre* befinden, den
Floripar herbeibringt, während sie sie früher aus einem *escrinh*
(V. 2648, 3125) nimmt, weist auch das „*un*" *cofre* (V. 4328)
darauf hin, dass von den Reliquien noch nicht gesprochen worden
ist, wie es „*un*" *escrinh* (V. 2648) heisst, als zum ersten Male
von dem Schrein, in dem sich die Reliquien befinden sollen, die
Rede war; dagegen weist die zweite Stelle, V. 3125, mit
„*l'escrinh*" auf die erste zurück. Auch hier hätte der Dichter
nicht ermangeln können, darauf hinzudeuten, dass er von den
Reliquien bereits gesprochen habe, — wenn eben die früheren
Erwähnungen derselben von ihm selbst gemacht wären. Sein
un cofre zeigt jedoch deutlich an, dass sie fremden Ursprungs
sind. Es müssen daher auch V. 2647—2652 dem Nachdichter
zugeschrieben werden, so dass nun in der That die erwünschte
Aufeinanderfolge der Verse 2646 und 2711 ff. sich ergiebt
(vgl. p. 88). Da die zweite Erwähnung der Reliquien (3125—3129)
mit der ersten fällt, so kann Richart überhaupt nicht wissen,
dass Floripar im Besitze der Reliquien ist und V. 3936—3939
sind daher ebenfalls als Zusatz zu betrachten, die der Nachdichter
mit den Versen 3940—3941, welche V. 3942—3943 voraus-
nehmen, verbunden hat. Wenn nun aber trotzdem, wie aus
V. 4953 ff. hervorgeht, Karl, ohne eine Nachricht empfangen
zu haben[75]), die Reliquien in Floripars Händen weiss, so ist
dies freilich nicht ausdrücklich motivirt; man erkennt seine Quelle
aber leicht in Fierabras, den Pairs oder Floripar selbst.

Die Verse 4011—4023, Tiradenanhang, greifen dem Folgenden vor. Nach V. 4012 überschreiten die als Kaufleute ver-
kleideten Franzosen die Brücke von Mautrible, V. 4024 geschieht
es nochmals (nicht einmal ein Tempus der Vergangenheit weist
darauf hin, dass schon davon gesprochen wurde). Ebenso wird
sowohl V. 4013, als V. 4027 von einer Streitaxt des Golafre
gesprochen (*un abcha tenc el punh*), ohne dass die spätere Stelle,

---

75) Nach V. 4495 ff. zeigt Karl, dass er nicht weiss, dass sich die
Reliquien in Floripars Händen befinden; er fordert sie direct von Balan.

V. 4027, die erstere als bekannt voraussetzt. Wie eine dritte Stelle, V. 4082 e *Golafre tenc l apcha* durch den bestimmten Artikel auf eine frühere Erwähnung zurückdeutet, so hätte es auch schon V. 4027 *l abcha* heissen müssen, wenn beide Stellen demselben Dichter angehörten, umsomehr, als an der ersten Stelle die Streitaxt durch die beschreibenden Verse 4015—4917 in der Vorstellung des Hörers zu einer ganz bestimmten geworden ist. — Mit Vers 4015—4017 stehen V. 4018—4023 in Verbindung; sie müssen daher gleichfalls als unecht bezeichnet werden.

Die Tirade 4228—4241 wird nur der Möglichkeit, dass V. 4227: „zwei Tage und eine Nacht hielten sie hier Rast" in zweifacher Weise aufgefasst werden kann, ihre Entstehung verdanken. Er würde gut die Erzählung von den Begebenheiten in Mautrible abschliessen und vortrefflich zu V. 4042 ff. überleiten, wo von dem Weitermarsch nach Aigremore gehandelt wird. Als blose Bemerkung, als Parenthese aufgefasst, gestattet er jedoch, dass noch über weitere Vorgänge in Mautrible berichtet wird, und dies geschieht in der Tirade 4228—4241. Ihr Inhalt ist episodisch, und verdient kaum, als echt anerkannt zu werden, da man um seinetwillen den guten Zusammenhang, in dem Vers 4227 mit V. 4242 ff. steht, und in dem sich ein natürlicher Gedankengang offenbart, aufgeben müsste.

V. 4560—4568 sind Einschub im Innern der Tirade 4559 ff. und mit ihnen V. 4572—4574 und V. 4599, da dieselben auf die erste Stelle Bezug nehmen. In V. 4566 wird Tenebre, der Bruder des Admiral, von Genes, getödtet; 4581 führt derselbe Tenebre (Bruder des Admiral, V. 4586) Hülfstruppen herbei, kämpft V. 4652 ff. mit Hugo und ist nach V. 4677 nochmals erschlagen worden. Einen Fingerzeig dafür, dass die erste Tödtung des Tenebre das Werk des Nachdichters ist, können schon V. 4561 und 4569 geben, die, im Wesentlichen identisch, Anfang und Ende der Erzählung von Tenebres Fall bilden. — In a zeigt sich der Versuch, dem hier vorliegenden Widerspruche aus dem Wege zu gehen. Der P V. 4566 getödtete Tenebre, Bruder des Admiral, ist in a 5527 Bruder von Sortinbrans; statt des P V. 4581, 4586 wieder auftretenden Tenebre, Bruder des Admiral, erscheint in a 5549, 5552 Brulant, Bruder des

Admiral; trotzdem wird jedoch auch in a 5635 Tenebre noch
einmal vorgeführt (= P 4652 ff.) und stirbt nochmals von der
Hand Richarts (5646 ff.). Die Besserung ging also nicht weit
genug (vgl. Bekker's Anmkg. zu V. 4566.)
Des Einschubs verdächtig ist endlich die Tirade 4888—4913.
Fierabras sagt zu Karl, nachdem Balan schon zweimal zu Karls
nicht geringem Schmerze das Taufgefäss entheiligt (V. 4863, 4882)
und Fierabras ihn umsonst gebeten hat, sich taufen zu lassen
(V. 4872 ff.): er werde sogleich erfahren, ob sein Vater werde
Christ werden wollen; wenn er es nicht wolle, solle Karl nach
seinem Willen mit ihm verfuhren (V. 4893—4894). Allein was
Fierabras sich zu thun vornimmt, führt er keineswegs aus; durch
Intervention seiner Schwester (V. 4895) scheint er davon abge-
kommen zu sein. Er übergiebt, noch ehe er gethan hat, was
die Entscheidung über Balan herbeiführen sollte, seinen Vater
der Gerechtigkeit Karls (V. 4913). Die Bitte der Floripar
(V. 4904 ff.), die ihr Motiv in V. 4898 ff. hat, kann natürlich
nicht die von Fierabras beabsichtigte Handlung sein. Allerdings
scheint die hier vorliegende Schwierigkeit in a 5965 ff. dadurch
gehoben, dass Floripars Bitte dem Fierabras in den Mund gelegt
wird — dann aber müsste der provenzalische Uebersetzer, von
dem ohne Noth, wie wir bisher gesehen haben, nichts geändert
wurde, von seinen Vorlagen in diesem Falle ohne ersichtlichen
Grund abgewichen sein, da V. 4904 ela und V. 4908 putenela
die Annahme einer blosen Verschreibung des Namens unmöglich
scheinen lassen. Durch Aufeinanderfolge der Verse 4887 und
4914 ff. gewinnt die Stelle nur an Präcision.

Aus dem Vorstehenden wird hervorgegangen sein, dass die
Schwierigkeiten nicht gering sind, welche sich dem entgegen-
stellen, der x für original halten wollte. Er hätte den vollständigen Mangel einheitlicher Composition und die grosse Zahl
schreiender Widersprüche, das Schwanken in den Voraussetzungen
des Gedichts und offenbare Abweichungen von denselben, die
Ungleichheit der Bearbeitung, das Schöne neben dem Hässlichen,
Sinn und Entstehung von Repetitionen und Varianten zu erklären,
das Bild von einem Dichter zu entwerfen, in dessen Vorstellungen
alle diese Dinge verträglich neben einander wirkten. Andrerseits

hat sich aber auch gezeigt, dass viele von den dargelegten
Schwierigkeiten ohne Willkür und methodisch sich heben lassen,
sobald x als äussere Ueberarbeitung betrachtet wird, und wenn
auch für die eine oder andre der ausgeschiedenen Stellen eine
sicherere Begründung, als wir zu geben vermochten, zu wünschen
übrig bleibt, so muss doch die Durchführbarkeit des Gedankens,
dass auch x nur äussere Ueberarbeitung sei, ersichtlich geworden
sein. Schon die sonderbare Erscheinung, dass sich das Störende
nur an bestimmten Stellen des Gedichts — meist am Anfang
oder Ende von Tiraden oder in einzelnen und mehreren aufeinander folgenden, ein Ganzes bildenden Tiraden — und die
an einem Originalwerke wenigstens befremdende Beobachtung,
dass sich nach Ausscheidung bald kleinerer, bald grösserer Stücke
das Uebrigbleibende leicht und befriedigend wieder zusammen-
schliesst, ohne dass eine Lücke zu bemerken wäre, kann Vertrauen
zu dem eingeschlagenen Verfahren erwecken. Nicht weniger
muss es demselben zur Empfehlung gereichen, wenn, ohne dass
bei Ausscheidung der unechten Stellen ästhetische Kriterien
massgebend waren, das übriggebliebene Echte ästhetischen Anfor-
derungen genügt, wenn, während in x die Handlung bald motivirt, bald aus momentanen Einfällen, zusammengesetzt ist, die
Handlung in den als echt erkannten Theilen des Gedichts nur
motivirt ist, wenn episodische Seitensprünge den sonst raschen
Gang der Erzählung[76]) nicht verzögern, die Characteristik der
Personen aus ihrem Schwanken herausgerissen ist und Karl z. B.
seine Würde, die Pairs und besonders Roland ihre Ritterlichkeit
beibehalten, während in den Zusätzen jenem Launenhaftigkeit,
diesem Uebermuth, Trotz und selbst Feigheit angedichtet wird,.
wenn endlich das Ganze eine ernste Stimmung durchzieht, die
von dem burlesken Ton der meisten Zusätze lebhaft absticht.

Wenn wir nun aber auch den richtigen Standpunkt für die
Beurtheilung der Redaction x des Fierabras eingenommen haben,
so sind wir doch weit entfernt zu glauben, dass durch unsere
Ausscheidungen die Gestalt des Gedichts, die dem Ueberarbeiter
x vorlag, vollständig reconstruirt sei. Schon die Beschränkung

---

76) Als Beispiel hierfür kann der grössere zusatzlose Theil des Gedichts,
V. 3447—3906 dienen.

auf Entfernung der grösseren Zusätze in x, zu deren Erkenntniss
allein Handhaben gegeben waren, und der Mangel an sicheren
Kriterien für die Echtheit oder Unechtheit jeder einzelnen Stelle,
wofür auch der allgemeine Eindruck, den man nach den obigen
Ausscheidungen von der Individualität des Dichters erhält, nicht
ausreicht, muss uns vor einer solchen Prätension bewahren.
Gewiss aber darf soviel behauptet werden, dass eine unsrer
Reconstruction ähnliche Gestalt (sie werde x' genannt) des Gedichts wirklich vor der Gestalt, welche es in x zeigt, existirt
habe. In ihr wird sich auch nicht der Fehler gefunden haben,
auf den wir oben p. 25 aufmerksam machen mussten und der
bereits die Annahme einer Handschrift x' nöthig machte. —
Wir haben jedoch auch hiermit noch nicht die Entwicklungs-
geschichte der Gestaltungen des Fierabras vollendet. Mag nämlich
immerhin die gewonnene neue Gestalt des Fierabras in mancher
Beziehung den Eindruck einheitlicher Composition machen, so
stellen sich ihrer Annahme doch immer noch erhebliche Schwierigkeiten entgegen. Bereits Léon Gautier[77]) hebt das heroische
Element an dem ersten Theile des Gedichts, dem Kampfe zwischen
Olivier und Fierabras, gegenüber dem zweiten hervor, der nicht
im mindesten der Erwartung auf „ein fast vollkommenes Gedicht",
wozu der erste Theil berechtige, entspräche. In der That unter-
scheidet sich der erste Theil des Fierabras durch seine heroischen
Züge wesentlich vom zweiten, wenn wir auch nicht in das Ver-
werfungsurtheil Gautiers über den letzteren, nachdem wir ihn
von den hauptsächlichsten Zusätzen gereinigt haben, einstimmen
können. Andre Unterschiede lassen aber den ersten Theil eine
gewisse Selbständigkeit gegen den zweiten in Anspruch nehmen.
Zunächst nämlich beruhen beide Theile auf verschiedenen
Anschauungen und Voraussetzungen. Im ersten Theile zieht Karl
mit seinem Heere aus, um die Reliquien wiederzuerlangen

---

77)` Les épop. franç. II p. 318: *Le roman de Fierabras dont nous
venons d'analyser le commencement ressemble à la chanson d'Aspremont
dont nous avons plus haut donné le resumé. La première partie en est
belle, heroique, attachante; la fin ne vaut guère. Ce magnifique combat
entre Olivier et le géant nous donnait le droit d'attendre un poëme presque
parfait: par malheur, immédiatement après le récit de ce combat, nous
tombons en de pitoyables banalités.*

(V. 79 ff.), und wie ihm Fierabras unvermuthet entgegentritt, so hat auch Fierabras Karls Ankunft nicht erwartet; er erhält nur zufällig Nachricht davon (V. 90 ff. etc.). Der Frage Balans (V. 1926 ff.) dagegen „habt ihr mit euch Roland und die 12 Pairs" etc., welche er an die von Morimonde nach Aigremore zurückkommenden Heiden richtet, liegt der Gedanke zu Grunde, dass Fierabras von seinem Vater Balan zum Kampfe Karl entgegengesandt sei. — Im ersten Theile wird stets nur von einem Ueberfalle Roms durch Fierabras, ohne dass dabei ein Kampf zwischen ihm und Karls Mannen Statt gefunden hat, gesprochen; Fierabras sagt V. 848 selbst, „ich bin jener, welcher Rom zerstörte" (vgl. V. 617 ff.), dagegen setzt der zweite Theil einen Kampf zwischen Balan und Karls Mannen in Rom voraus, wobei Corsuble und Mathia von Richart getödtet wurden (V. 2472), und Balan die Reliquien raubte (V. 2466). Nach dem ersten Theile hat aber wiederum nicht er, sondern Fierabras die Reliquien in Rom weggenommen (V. 849 ff., 622 ff.), und nur deshalb kann er sie V. 1877 ff. zurückgeben wollen. Aber in den echten Partieen des ersten Theils ist Fierabras auch gar nicht der Sohn Balans, sondern der mächtigste Herrscher, der je existirte (V. 615), Herr von Jerusalem und dem heiligen Grabe, und wird dem Hörer nicht nach seiner „geste" vorgeführt, sondern heisst stehend „Fierabras d'Alichandre" (V. 626, 843, 1630 etc.). Damit verträgt es sich auch, wenn er V. 1506 aus eigner Macht sein Reich mit Olivier theilen will. Es fehlt endlich jede fernere Hindeutung des ersten Theils auf den zweiten; denn die, welche er enthält, finden sich an Stellen, die aus Gründen als unecht bezeichnet werden mussten, z. B. V. 1458 (s. p. 83 zu V. 1418—1462), wo „mas tu n seras iratz" auf die Gefangennahme der Pairs zu beziehen ist. Den einzigen, phrasenhaften Vers 1572 und die Verse 215—217 am Schlusse der Tirade 181 ff., in denen auf den „Admiral" angespielt wird, dürfen wir getrost x zuschreiben, da von ihm auch z. B. V. 1284 und andere in den ersten Theil gesetzt worden sind. Eine Hindeutung des ersten Theiles auf den zweiten liegt nicht in der Erwähnung der Floripar V. 1507—1508, der zweite Theil kann diese Gestalt vielmehr aus der hier gegebenen Andeutung gewonnen haben. Uebrigens sind die Verse 1507—1508 sammt den Versen 1509—1510 des Zusatzes nicht unverdächtig, da nach Oliviers Antwort V. 1511—1514 Fierabras nur davon gesprochen hat, dass er seinen Glauben verlassen solle (V. 1501—1506); x hat von Floripar schon früher einmal gesprochen (V. 131). — Weiterhin muss es aber auch befremden, wie sogleich am Anfang des Gedichts Gestalten in den Vordergrund gestellt werden, die nicht mit einem Worte im ganzen Gedichte wieder erwähnt werden. Unter den Grossen, welche Karl zu seinem Heereszuge versammelt, werden ausser Renier (V. 55)· noch Simonel (56) und Girart de Vienne (57) genannt, die, da ihrer vor allen andern, die am Heereszuge Theil nehmen, gedacht wird, eine hervorragende Rolle im Verlaufe der Handlung zu spielen bestimmt zu sein scheinen könnten. Aber wie sie, so nehmen auch die wenig später genannten Beuves de Chartre (188) und Arnaud de Beaulande (V. 190), bekannte Helden aus andern chansons, nicht den geringsten Antheil an der Handlung; auch diese werden nicht wieder genannt. Wie konnten sich diese Gestalten also sogleich im Anfang des Gedichts dem schaffenden Dichter aufdrängen?

Sind diese Verhältnisse der beiden Theile zu einander geeignet, eine Unabhängigkeit des ersten Theils von dem zweiten annehmen zu lassen, so nöthigen zu dieser Annahme sogar offenbare Widersprüche, in denen die beiden Theile mit einander stehen, die auch durch die Thätigkeit des Redactors von x nicht erklärt werden konnten. V. 1689 tritt der heidnische König Tribuatz auf; er ist jedoch nach V. 512 ff. und 571 von Oliviers Hand gefallen. Ebenso wird V. 1816 Corsuble von Roland getödtet, der bereits früher nach den Voraussetzungen des zweiten Theils von Richart getödtet worden sein soll (V. 2472). Will man solche Irrthümer einem und demselben Dichter zutrauen? Bestimmt aber streitet gegen die Einheit beider Theile, dass im zweiten Theile als Schauplatz der Handlung Spanien (V. 3800, 4947 etc.) stillschweigend untergeschoben ist, während im ersten Theile das Erzählte in und bei Rom vor sich geht. Dass Rom im ersten Theil wirklich Schauplatz der Handlung ist, ist allerdings aus P nicht zu erkennen; dass aber in x sowohl wie in x' der provenzalische Vers

1345 *els eran riba 'l mar, dedins los a gitatz,*
wie in (**E** und) **a** 1049 *Pres fu du far de Rome ses a dedins
getés* gelautet habe, bezeugt nach dem im ersten Theile dieser
Untersuchung dargelegten Verhältniss der Handschriften, auf das
Bestimmteste das italienische Gedicht vom Fierabras in

V. 654—655 *Poi verso el fiume prese el suo chamino
E gittolli in mezo del tevere*

(vgl. auch V. 611—612 *al lido del tevere di Roma*). Wie der
Schauplatz der Handlung plötzlich Spanien geworden ist, darüber
giebt der zweite Theil nicht den geringsten Aufschluss.

Wir finden zur Erklärung aller dieser Erscheinungen keinen
andern Ausweg als die Annahme, dass der Fierabras, wie er in
x' sich darstellt, das Werk zweier Dichter sei. Keiner von beiden
Theilen ist jedoch ein selbständiges Ganze, denn dem ersten
würde der Schluss, dem zweiten der Anfang fehlen: nichts aber
hindert, den zweiten Theil als Fortsetzung eines Gedichtes zu
betrachten, das um den Schluss verkürzt im ersten Theil des
Fierabras noch zum Theil vorliegt und das durch den Fortsetzer
auf andre Weise entwickelt und zu Ende geführt wurde. Wo
seine Fortsetzung begann, lässt sich noch ungefähr angeben;
ebenso ist aus einzelnen Andeutungen zu erkennen, welchen
Schluss das erste Gedicht, das vornehmlich den Namen des
Fierabras verdienen dürfte, gehabt haben mag. Der erste Eingriff
des Fortsetzers geschah mit V. 1686 ff., wo ein neuer Knoten
geschürzt wird, der erst im zweiten Theile seine Lösung findet
und wo bezeichnend genug eine ausschliesslich dem zweiten
Theile des Gedichts angehörende Person, Sortinbrans, auftritt,
sowie der nach V. 571 erschlagene Tribuatz vom Tode erstanden,
nochmals debütirt. Den muthmasslichen Schluss des ersten Gedichts
mag ein Kampf gebildet haben, dem ähnlich, der in V. 1686 ff.
geschildert wird, zwischen Olivier und Karls Mannen einerseits
und den von Fierabras am Morgen des Zweikampfs zurückgelassenen Heiden (V. 575 ff.) andrerseits, die, als Olivier den
besiegten Fierabras zu den Zelten Karls führen will, hervorbrechen, um ihn zu befreien. Einen solchen Kampf motivirt
der Dichter des ersten Theils schon, wenn er V. 238—239 Fierabras von seinen 60,000 Mann nur 50,000 gegen den Feind

gehen, 10,000 aber zurückbehalten lässt, die ihn bis nach dem Zweikampfe erwarten sollen (V. 575 ff.), und in diesem Kampfe war es vielleicht, wo die früher zwecklos erwähnten Grossen Karls, Simonel (?), Girart de Vienne, Beuves, Arnaud Antheil an der Handlung nahmen und Corsuble durch Roland fiel (V. 1816) — aber dieser Kampf muss im ersten Gedicht einen andern Ausgang gehabt haben als im vorliegenden Fierabras, denn durch die Gefangennahme der 5 Pairs (V. 1835 ff.), die bei diesem Kampfe erfolgt, war zur weitern Erzählung von den Pairs ein Antrieb gegeben, der das Gedicht erst mit dem zweiten Theile des Fierabras, der Befreiung der Pairs, befriedigend abschliessen lassen konnte. Aber dadurch, dass der Fortsetzer dem ersten Gedicht eine andere Wendung gab, wenn er dem Kampfe am Schlusse desselben auch noch einzelne Züge entlieh (z. B. 1701— 1754), wurden die eigentlichen Schlussmomente des ersten Gedichts unnöthig. Er unterliess ganz zu erzählen, was seine Zuhörer zu erfahren erwarten durften, dass das von Fierabras zerstörte (V. 617—620) und seiner Einwohner beraubte Rom wieder aufgebaut und neu bevölkert worden sei; dass an Stelle des von Fierabras ermordeten Pabstes (V. 621) ein neuer den erledigten Stuhl Peters eingenommen, dass Fierabras die geraubten Reliquien (V. 622—625), nachdem er die Taufe erhalten hat (V. 1900 ff.), wie er verspricht (V. 1658 ff.), an Karl zurückgegeben habe, wodurch alle im ersten Gedicht angesponnenen Fäden zu einem Knoten vereinigt und alle Voraussetzungen erfüllt worden wären: statt dessen legt er die Reliquien in die Hände Balans, der sie bei Gelegenheit eines Kampfes gegen Mannen Karls aus Rom hinwegtrug, macht Fierabras zu Balans Sohne und verlegt den Schauplatz der Erzählung nach dem Schauplatze der Sarazenenkämpfe überhaupt, nach Spanien, ohne zu beachten, dass er dadurch in Widerspruch gegen das bisherige Terrain der Handlung, Rom, geräth; Fierabras wird zu einer völlig überflüssigen Figur, neue Hauptpersonen, Floripar und Guy, treten in den Vordergrund und das Agens der Handlung wird die Liebe. Auf leichte Weise lösen sich aber nun, wenn man den 1. und 2. Theil des Fierabras besonders betrachtet, alle Schwierigkeiten, die in der Redaction x' noch bestehen blieben.

— Von den zwei das Gedicht einleitenden, ihrem Inhalt und Zweck nach identischen Tiraden, fällt die zweite, da in ihr als Schauplatz der Erzählung Spanien gegeben wird (V. 38), dem Fortsetzer zu, die erste ist dagegen nichts als Variante zu dieser von der Hand des Ueberarbeiters x (vgl. V. 1—3 = 30, 4 = 31, 5—12 = 32—35, 13—17 = 39—41), der sich auch durch die Unvollständigkeit verräth, mit der er hier (wie anderwärts, z. B. 2651 ff.) die Reliquien aufzählt (V. 13 ff.); erst aus der zweiten Tirade erfährt man, dass sich unter den Reliquien auch das *suzari* befindet (V. 40), das an echten Stellen mehrfach genannt wird (z. B. 82, 626, 4993). An dem Dichter nähme sich diese Unvollständigkeit gleich im Eingang des Gedichts sonderbar genug aus. Auch der Redactor y hat diese Tirade für überflüssig gehalten: sie fehlt nach seinem Vorgang allen französischen Handschriften. Ebenfalls von x hinzugefügt sind auch noch die Endverse der 2. Tirade, V. 44—46; sie kündigen kurz die folgenden Verse 47—54 an, nicht ohne ein weiteres Anzeichen ihres Ursprungs, denn V. 46 *(una legua)* und V. 54 *(legua demia)* widersprechen einander.

Den innern Gründen, die uns zu der Annahme nöthigten, dass ein ursprüngliches, in seinem Schlusse abgeändertes Gedicht vom Fierabras durch die Redaction x′ des Fierabras eine Fortsetzung erhalten habe, steht aber ein wichtiges äusseres Zeugniss zur Seite, das der poetischen Chronik des Phil. Mousket. Sein Zeugniss ist um so wichtiger, da es der möglichen Abfassungszeit auch der ältesten Gestalt des Fierabras, die nicht über 1152 hinauszuverlegen ist (s. o. p. 26), verhältnissmässig nahe steht, denn Mousket vollendete seine Chronik nach G. Paris im Jahre 1242[78]). Er kennt den Fierabras, aber nicht in einer der uns vorliegenden oder erschlossenen Gestalten desselben, denn er ignorirt den zweiten Theil vollständig. Dagegen hat er uns in seinem Resumé[79]) den wirklichen Schluss des ursprünglichen Fierabras aufbewahrt, wodurch unsre aus den Andeutungen des Gedichts selbst entnommenen Angaben über den muthmasslichen Schluss des ersten Theils des Fierabras in überraschender Weise

---

78) Paris, hist. poét. de Ch. p. 93.
79) Chronique de Ph. M. I, V. 4696 ff.

bestätigt werden. Die betreffenden Verse seiner Chronik sind
die folgenden:

4996 *et Karles ot sa gent mandée,*
si vinrent de mainte contrée, [80])
quar il lor faisoit tant de biens,
qu'à ses amis ne faloit riens.
4700 *si trest vers Rome li bons rois* [81])
et fist as paiens moult d'anois. [82])
dont se combati Oliviers
a Fierabras ki tant fu fier,
d'armes l'outra si reconquist [83])
4705 *les II barius qu'a Rome prist,* [84])
si les gieta enmi le Toivre [85])
por çou que plus n'en péust boire; [86])
quar c'est bausmes ki fu remés
dont Jhesu Cris fu embausmés. [87])
4710 *puis furent mort tot li paien*
et mis en Roume crestüen,
si ot autre apostoile fait
et Karles s'en revint à hait,
si gratia Dieu et St. Piere,
4715 *que recouvrée ot sa kaiere,*
soujourner vint dont à Parise . . . ,

Dieses Resumé enthält zwar nicht allemal die wesentlichen
Punkte der Handlung des ersten Theiles unsres Fierabras, z. B.
wird der Reliquien gar nicht gedacht, aber jeder Vers von
4696—4709 (4698—4699 ausgenommen) lässt sich aus dem in
P noch vollständiger als in den französischen Handschriften des
Fierabras erhaltenen ursprünglichen Fierabras belegen (vgl. die
aus P angemerkten Stellen). Von den übrigen Versen deutet

---

80) vgl. hiermit P 47—54.
81) Also Rom ausdrücklich Schauplatz des Gedichts, vgl. 4705, 4711.
82) P 66—67, 406 ff., 572.
83) P 840 ff.
84) P 624, 850.
85) P 1375 vgl. a 1049.
86) P 1341—1344.
87) P 624: *en portet lo enguen don dieus si fetz onchar.*

V. 4710 den Kampf Karls mit den von Fierabras zurückgelassenen Heiden an, 4711 spricht daneben von der Restitution einer christlichen Bevölkerung in Rom, 4712 von der Wiederbesetzung des päbstlichen Stuhls und 4713 von Karls Heimkehr nach Frankreich — und unsre Folgerungen über den Schluss des ursprünglichen Fierabras erhalten somit ausreichende Bestätigung.

Einer besonderen Beachtung werth erscheinen ferner auch die Verse 4664—4695 in Mouskets Chrouik, die den eben daraus angeführten Versen unmittelbar vorausgehen und, wie sich zeigen wird, mit diesen im engsten Zusammenhang stehen. Wir müssen sie behufs des Weiteren hier anführen.

> 4664 *Puis fu Roume par force prise*
> *et la gent destruite et ocise*
> *et li apostoile ocis*
> *Castiaus-Mireors ars et pris*
> *et toute la cité bruie.*
> *li dus Garins et sa mesnie*
> 4670 *entrerent en Castiel-Croisant,*
> *quar Sarrasin, Turc et Persant*
> *amenerent trop grant compagne*
> *et devers Surie et d'Espagne;*
> *si furent crestien dolant,*
> 4675 *et manderent tot maintenant*
> *soucors al bon roi Charlemainne*
> *ki sa fieste en France demainne,*
> *et li rois en cele besogne*
> *lor tramist Guion de Bourgogne*
> 4680 *ki nouviaus chevaliers estoit*
> *et des jovenes enfans avoit.*
> *Devant cou la couronne ot prise*
> *et soucourrent sans faintise*
> *lor bon roi en la tiere estrange*
> 4685 *u il n'orent ni lin ni lange.*
> *en France estoient revenu*
> *et soujourné et bien péu,*
> *mais à cel soucors le tramist*
> *li rois, ki moult s'entremist, —*

4690 *et si tramist de Normendie*
Ricart à la ciere hardie,
si reprirent li Mireour:
et dus Garins vint à l'estour,
ki tint Pavie en quité
4695 *s'ot bien Castil-Croisant gardé.*

Sie bieten unter Ausschluss der Verse 4680—4689 folgende in sich und mit V. 4697 ff. zusammenhängende Erzählung dar: „Rom ist gewaltsam genommen, das Volk und der Pabst getödtet[88]), Castell Mireours verbrannt und in den Händen der Feinde, die Stadt (Rom) selbst angesteckt. — Der Herzog Garin und seine Mannschaft begaben sich in das Castell Croisant (sie nahmen den Kampf mit Roms Verderbern — den Sarazenen, wie V. 4671 lehrt — nicht auf), denn ein zu grosses Heer (als dass Garin ihnen hätte entgegentreten können) führten die Sarazenen etc. herbei von Syrien und von Spanien (— 4678). — Darüber waren die Christen traurig und sie sandten zum guten König Karl nach Frankreich um Hülfe. Er schickt ihnen Gui de Bourgogne und Richard von der Normandie (4679, 4690—4691). Diese entrissen dem Feinde wieder Mireours, und bei diesem Kampfe war auch Garin, der (indessen) Pavia (vor den Feinden) in Ruhe gehalten und das Castell Croisant (vor den Feinden) geschützt hatte (— 4695). — Und — (fährt nun V. 4697 ff., worin wir den ersten Theil unsres Fierabras zu erkennen hatten, im engsten Anschluss an das Vorausgehende, das noch keine abschliessende Erzählung bildet, fort) — Karl entbot sein Heer, zog nach Rom, verursachte den Heiden vielen Kummer (er verbrannte Städte und schlug sie), dann fand der Kampf zwischen Olivier und Fierabras statt etc., die Heiden werden getödtet, Karl bringt Christen nach Rom, setzt einen neuen Pabst ein etc." Die in den Versen 4664—4679 und 4690—4696 enthaltene Erzählung geht offenbar ebenso, wie es bei Vers 4697 ff. evident ist, auf eine chanson de geste zurück, — dafür spricht der fabelhafte Inhalt, den auch Mousket wegen der Details nicht erfinden konnte — und diese chanson behandelte die Ereignisse, welche den im Fierabras geschilderten unmittelbar

---

88) vgl. P 617—620 = 4664—4665, 621 = 4666.

vorangehen, die Karl nach Rom zu ziehen veranlassen; sie kann nicht selbständig bestanden haben, denn eine chanson mit günstigem Ausgange für die Heiden, wie diese sein würde, gehört zu den Unmöglichkeiten der Poesie der chansons de geste. Wenn sie aber nur Theil, Anfang einer chanson de geste ist, kann sie dann eine bessere Ergänzung zum Ganzen erhalten, einen andern Schluss gehabt haben, als durch den ersten Theil des Fierabras mit seinem restituirten Ende, und kann dieser Theil des vorliegenden Fierabras, dessen selbständige Existenz wegen seiner Kürze angezweifelt werden dürfte, einen andern Anfang gehabt haben als den, der in Mouskets Resumé vorliegt? Wir zögern nicht zu einer Combination über die Gestaltungen des Fierabras zu schreiten, die so ungemein nahe gelegt ist, und in den sich wechselseitig ergänzenden Angaben Mouskets in den Versen 4664—4679, 4690—4696 und 4697—4713 (= dem ersten Theile des Fierabras), zwei Theile eines und desselben Ganzen, eines ursprünglichern Fierabras zu erblicken, von dem in der auf uns gekommenen Gestalt desselben nur noch ein kleines, wenn auch vielleicht das beste Bruchstück vorliegt. Es ist merkwürdig zu sehen, wie dieser ursprüngliche Fierabras immer mehr und mehr verkürzt wurde, und wie selbst noch der Redactor y die in P beginnende Episode von Oliviers Ueberfall und Verwundung ausliess, — die Annahme, dass der Redactor x' dasselbe in Betreff des bei Mousket bewahrten Anfangs des Fierabras gethan habe, hat daher auch ihre Analogie.

Die Richtigkeit unsrer Ansicht, dass in P der ursprüngliche Fierabras, um seinen Anfang verkürzt, vorliege, lässt sich auch wenigstens in einem Punkte erproben. Nach Mousket, V. 4478—4479, 4490—4491 gingen Gui und Richart vor Karl nach Rom; sie dürfen also nicht unter den Grossen sein, die im ersten Theile der vorliegenden Redaction des Fierabras Karl auf seinem Zuge nach Rom begleiten. Allerdings begegnen wir Richart in Vers 75, 652, aber beidemal in Zusätzen von x (s. p. 68 zu V. 71—77 und p. 77 zu V. 641—659) und in V. 478 auch Gui, an einer Stelle, die jedoch viel leichter zu beseitigen ist, als geeignet unsre Meinung zu erschüttern. Wie nämlich V. 479 offenbarer Zusatz war (s p. 74 zu V. 455, 458—464), so dürfen wir auch schon

deshalb den diesem vorausgehenden Vers 478 als solchen bezeichnen
und mit um so mehr Recht, als dadurch vollkommene Confor-
mität zwischen V. 454, 456, 457 einerseits und V. 470—477
andrerseits hergestellt wird; denn, wie an erster Stelle gesagt,
erscheinen nur Roland und Berard auf dem Kampfplatze, und
man hat nicht nöthig, Gui und Guilalmatz als nachträglichen
Einfall des Dichters aufzufassen.

Die übrigen Details in Mouskets Mittheilungen über den
Anfang des ursprünglichen Fierabras, der Kampf Guis, Richarts
und Garins characterisircn das Gedicht als ein im Geiste der
ursprünglichen Richtung der französischen Heldenpoesie verfasstes,
kriegerisches, in dem sich die Einheit der Handlung darin
erkennen lässt, dass die mit der Zerstörung Roms durch Fierabras
beginnende Erzählung mit dessen Besiegung und der Wieder-
herstellung Roms endet. Wir nennen diese neue Gestalt des
Fierabras x".

Anlangend die oben bei Seite gelassenen Verse 4680—4689
der Chronik Mouskets, so sind sie parenthetische Einschaltung
und spielen auf eine andre chanson de geste, auf Gui de Bourgogne an, wie die Herausgeber des französischen Fierabras bereits
mit Recht bemerkten[89]), wobei Mousket nur hinzuthut, dass die
Franzosen aus Spanien, dem Schauplatz des Gui, nach Frankreich
zurückgekehrt sind (V. 4686 ff.), damit erklärlich wird, wie Gui
im Fierabras nach Rom gesandt werden könne.

Hiermit wären wir zu der letzten nachweisbaren Gestalt
und vielleicht zu dem Original des Fierabras gelangt und wir
haben nur noch nöthig auf eine von der unsrigen abweichenden
Deutung der oben aus Mousket mitgetheilten Verse, welche Herr
Gaston Paris gegeben hat, zurückzukommen. Derselbe erkennt
nämlich darin[90]) eine alte, verlorene chanson, der er den Namen
„Balan" giebt, in der der Zweikampf zwischen Olivier und Fierabras eine Episode gebildet habe, die von einem spätern Dichter
aus ihrem Zusammenhange gelöst, beträchtlich erweitert, zu dem
uns erhaltenen Gedicht vom Fierabras umgestaltet und mit einem
neuen Schlusse versehen worden sei. Herr Gaston Paris geht

---

89) Fierabras, préface p. XIV, XV.
90) Hist. poét. de Ch. p. 251 ff.

dabei von den nur für den zweiten Theil des erhaltenen Fierabras geltenden Voraussetzungen aus, dass Balan in Rom war
und dort die Reliquien raubte, und meint, dass dieser es daher
auch gewesen sei, der, wie Mousket erzählt, Rom einnahm und
niederbrannte, während der erste Theil des Fierabras diese That
dem Fierabras selbst zuschreibt, und dieselbe in Mouskets Erzählung dem Fierabras gleichfalls beigelegt werden kann. Hierin
besteht die ganze Differenz der von Herr G. Paris und von uns
aufgestellten Deutung der Verse des Ph. Mousket; und wenn
sich sonst die oben dargelegten zahlreichen Gründe für die
Selbständigkeit des ersten Theils unsres Fierabras gegenüber
dem zweiten des Beifalls des Herrn G. Paris zu erfreuen haben
sollten, und wenn er anerkennt, dass erst durch den Fortsetzer
und Dichter des zweiten Theils die Gestalt des Balan in eine
Beziehung zu Fierabras gesetzt worden ist, die den Anschauungen
des ersten Theils widerstrebt, so wird er gewiss seine Ansicht
über die Verse Mouskets mit der unsrigen, wonach sie eine
Inhaltsangabe der chanson vom Fierabras sind, gern austauschen.

— Uebrigens müssen beide Gestalten des Fierabras, sowohl die
von Mousket bezeugte, als die auf uns gekommene in Mouskets
Zeit nebeneinander bestanden haben, denn die ältesten Handschriften des Fierabras (E, D und die P-Uebersetzung) gehören
bereits vor das Jahr 1242, wo Mousket seine Chronik schloss,
und die erschlossenen Gestalten des Fierabras y, x, x' machen
auf noch höheres Alter Anspruch. Mousket kannte aber nur die
eine, originale, die vielleicht von der Redaction x' gänzlich
ausser Cours gesetzt worden war.

Wir schliessen mit einem Ueberblick über die im Laufe
unsrer Untersuchung wieder ans Licht getretenen Gestalten des
Fierabras, über die Vorstufen der uns erhaltenen chanson de
geste vom Fierabras:

1) x'' bezeugt durch Ph. Mouskets Chronik, V. 4664—4679,
   4690—4713, und zum Theil erhalten in den echten Partieen des ersten Theiles der provenzalischen Uebersetzung
   V. 47—1685, ferner wohl in V. 1719—1754, 1900—1912,
   vielleicht das Original, das jedoch nicht vor 1152
   gehört.

2) **x′ erste Redaction desselben** und letzte Quelle der auf uns gekommenen Gestalten des Fierabras. Ihr Urheber unterdrückte den Anfang des Originals, sowie den Schluss, ersetzte denselben aber durch eine neue Entwickelung der Handlung, deren Hauptelement die Liebe der Floripar zu Gui wird.

3) **x äusserliche Ueberarbeitung von x′** durch Einschub von Tiraden, Anschub und Vorschub grösserer oder kleinerer Stücke, Interpolationen in den Tiraden selbst entstanden, und mit vielfachen Widersprüchen versehen. Sie wird repräsentirt durch die provenzalische Uebersetzung und ist die letzte Quelle für die Aubert'sche Prosaerzählung vom Fierabras und für das italienische Gedicht vom Fierabras.

4) **y äusserliche Ueberarbeitung von x**, auf dieselbe Weise wie **x** aus **x′** hervorgegangen. Der Ueberarbeiter hat nach dem Anfang von **x** (P 46—604) die Schilderung eines Kampfes zwischen der Avantgarde des französischen Heeres unter Olivier und der Mannschaft des Fierabras weggelassen, dieselbe aber durch ein Argument V. 23—42 in **a** zu ersetzen gesucht. Diese Redaction ist die letzte Quelle aller französischen Handschriften des Fierabras, sowie des englischen Firumbras, des französischen und deutschen Prosaromans vom Fierabras und zwar vermittelt

5) **z, als gemeinsame Quelle für die Handschriften E und D** und, was sich mit Bestimmtheit nicht sagen liess, vielleicht eine verlorene Handschrift

6) **w, als gemeinsame Quelle für die Handschriften a, b, c, d**, in denen sich immer noch willkürliche Abänderungen von dem, was die Vorlagen derselben darboten, finden, wenn dieselben auch nur das Einzelne betreffen und von geringem Umfang sind, die erhaltenen Handschriften mit der letzten Hauptredaction **y**.

Anhang.

Didot'sche Handschrift

(Gautier épop. franç. II p. 307):

Moult fu grant le barnage quant li rois dust laver; a 46
Més ains qu'il pregne l'ewe avera en luy qu'aïrer;
Car I Sarazin vi(n)t en la garde monter:
Jamais de plus riche hom n'orra nus parler.
5 Il fut roi de Alexandre, si l'avoit à garder.   50
Soue estoit Babiloyne jeskes la rouge mer;
Si aveit Cologne, Rossie à governer,
Et de tors de Palerne so faisoit sègneir clamer.
Et si voleit par force sor Rome seygurer
10 Et tus ceuz de la terre en servage turner.   55
Mes eus ne vodreynt soffrer n'endurer.
Pur ce se fist destruire et Sent-Pere gaster:
Mort i a l'Apostoille et fet à duyl finer,
Et nonaines et moygnes et mosters violer.
15 S'en porte la corone qui tant fet à loer,   60
De quoi en fu Jhesu en la croiz coroner,
Et l'enseigne et les clous dont on fist cloer,
Et les dignes reliques ke je ne say nomer;
S'a en sa garde la croiz ou Deu se lessa pener
20 Son cors a grant han por son poeple sauver.
Si tint Jerusalem ke tant fet a loer
Et le digne sepulcre ou Dex volt susciter.
Le num de Sarazin doi ieo ben nomer: 65
Ferabras d'Alexandre se fesoit nomer.